喜歡不了自己，
那就從不討厭開始

涵寶寶——著

目錄

Lesson 2

找到一份有熱情的工作，無非是讓自己感到幸福

關於職場

Lesson 3

請把認真，用在對的人身上

關於情感

Lesson 4

喜歡不了自己，那就從不討厭開始

關於人生

附錄

涵寶寶的書單推薦

若還無法喜歡上自己，那就從不討厭開始吧

這一本書，獻給在主流意識與自我理想拉扯的我們。

當　我和世界不一樣　那就讓我不一樣　堅持對我來說　就是以剛克剛
我　如果對自己妥協　如果對自己說謊　即使別人原諒　我也不能原諒
逆風的方向　更適合飛翔　我不怕千萬人阻擋　只怕自己投降
我和我最後的倔強　握緊雙手絕對不放
下一站是不是天堂　就算失望不能絕望

很喜歡五月天〈倔強〉這首歌，它陪伴我度過高中的時光，那段不斷考試、不斷受挫敗，然後再不斷站起來的時光，後來也一路陪著我，大學時，

讓我有勇氣面對各種挑戰。

從小到大，在大部分的師長心中，我大概是一個乖巧、安靜、喜歡看書、成績好的小孩，但其實我在小學三年級的時候，曾經跟別人打架，在國中時，也曾被記過警告，高中時，挑染頭髮，考大學時，忽略家人的建議，堅持只填了我理想的科系。以前有人稱讚我是個很乖巧的小孩，我媽總會說：「她安靜，但她骨子裡是我們家最叛逆的。」

在這過程中，我只能說，很幸運當初的叛逆都沒有離主流意識太遠，所以在過去，我曾經以為，我有絕對的自信，能夠抵擋所有人的眼光，不在意別人，自在地做自己。

後來創業了，經歷人生低潮後，我發現我沒有想像中的有自信，發現自己過去的不在意，只是因為剛好走在大家理想的道路上，我自己想做的在主流社會上，都算得上是主流對成功的想像與期待，當我走在另一條崎嶇、未開發過的山路時，大家眼神開始不大一樣，我一度不知道，自己到底是誰？人生到底在追求什麼？

《怪醫黑傑克》有一集，叫做〈螞蟻之足〉，開頭是一位名為光男的行動不便少年，決定仿效書上的病人，從廣島獨自步行到大阪。一路上，黑傑克一直開著車跟在他後面，光男早已聽說黑傑克愛錢的惡名，所以對黑傑克置之不理，甚至對他生氣，但沒想到黑傑克竟然就是他閱讀的書上敘述的那位病人，光男一開始不敢相信地說：「可是你的身體看起來很正常！」於是黑傑克拉起褲管，讓光男看他腳上的疤，才跟光男說：「當初為了讓手腳恢復行動，費盡各種努力。」

有些朋友曾告訴過我：「好羨慕妳，一直都好正面！」但大家不知道的是，那時候的自己，為了從泥淖中爬出來，嘗試了各種運動，用瑜伽來調節自己的身心靈，看了許多心理相關的書，了解自己的人格，玩兩隻小貓來自我療癒，從工作裡的熱情來提起更多的動力。手術不是萬能，唯有本身願意復健才有康復的機會，就如同夢想，只有不斷地拚命、熬過低潮，才有可能達到你喜歡的模樣。

對我而言，這本書分享了我從人生低潮中的觀察、感觸，以及爬出後的種種感受和回憶。

如果我有月光寶盒能給當時的自己說句話，我會對她說：「當妳不用證明給誰看，妳就成功一半了。」當你開始專注當下、認真生活時，代表你已經跨出了第一步。這一個低潮，逼迫我正視內心的自己，而人生最大的敵人與恐懼，往往就是內心深處的自己。你可以正視內心的自己，接受他、與他當朋友，你會發現，其他人事物，就單純了許多。

在這本書中，很多都是我自己過往的困惑，到後來自己摸索、實驗後的一個解法與解答，很多不太符合主流的意識，但它卻是最適合我真實的感受，所以希望透過這本書，讓曾經懷疑過自己的價值、曾經跟我一樣徬徨、困惑的人，知道並感受到不是只有你這樣。

我不認為這是一本工具書，這裡面不會明確地跟你說，如何培養人脈、如何在職場上成為人氣王，更不會教你如何在職涯上走得更好，但我希望，當讀者閱讀完這本書，可以多一些關於接納自己、肯定自己的勇氣。

若我們還無法喜歡上自己，那就從不討厭開始吧！

Lesson

1

不只投資自己，
也要投資快樂

— 關於年輕 —

1 人脈有用，都沒有你的能力好用

在年輕時，我們都以為只要有人脈就夠了，卻往往不知道，每用一次人脈，就是在消耗你的人脈值，尤其是當你什麼都無法給予對方時。

市面上有很多人教我們靠人脈賺錢，大學時，身邊開始有些同學努力累積著業界人脈，期待等到畢業時，可以因此找到理想的實習或工作、進入理想的企業。

在大學時期的我也是如此。

人脈，不會只是單方向地給予

大學時，我很努力地參加活動，去系上的EMBA課程、MBA講座與論壇，努力結交那些在大家眼中，很厲害的學長姐們，甚至還去報名了一個協會的實習機會，它主打著理事會中都是各大企業的大頭們，你有機會認識這些人，同時也可以讓他們看到你。

一開始好興奮，因為認識了所謂的「大人物們」，但後來發現，因為自己的歷練不夠多，除了職涯上的分享，能夠聊的話題與分享的事物很有限，久而久之，便沒了交流。反倒開始自責起：我怎麼都沒看到資源？怎麼沒有因此變得更厲害？怎麼沒有因此獲得很厲害的工作職缺？

進入業界後，陸續也有學弟妹們或是同學，請我幫忙轉介一些職缺，一開始沒多加思考，每位請我幫忙的人選，我想都沒想，就直接轉給負責的部門主管或是人資。

直到有一天人資遇到我，說：「妳上次轉介的那個人，他竟然面試當天就遲到，而且很多面試問題都回答不出來，我以為妳身邊的朋友都跟妳一樣專業。後來我們就沒錄取他了。」

聽到這一句話我才懂，為什麼身邊一些前輩們不隨意轉介、不隨便幫忙介紹工作，因為每一個轉介、引薦，都是自己的一種品牌表現，代表著你的能力與朋友圈，看似幫忙的舉動，卻可能會反過來，害自己在業界努力經營的形象與品牌付諸一簣。

在大學時，我們以為只要認識很厲害的人，就自然而然地可以取得理想的職缺，但其實這背後的運轉不是這樣的，每一個前輩，都很愛惜羽毛，每一個引薦，都需要確認你的能力與態度，是不是可以為他的形象更加分，讓他覺得驕傲。

人脈，不會只是單方向地給予，它其實是一個無形的交易，前輩轉給我們一個工作機會，而你需要提供的不只是努力，更期待你可以為他的品牌形象加分。

弱關係的力量

或許有人會說：「哪有，我就有認識一些學長姐，他們都超樂意幫忙轉介的。」

是，的確有這樣的人，我有觀察過，通常這麼樂心幫忙的人，有兩種：

一種是，他真的很樂意幫忙，但只幫特定人士的忙，例如同校系學弟妹，雖然不是完全認識，但是至少對過往教育環境有信心，相信會培養出同樣素質的人，他或許不是直接認識你，但他有機會透過其他認識的人了解你，或是你的生活背景與環境他都很清楚，他知道你履歷上的每個活動、每個職位的難易度，所以很願意幫忙。

另一種，也是社會上比較常看到的一種，就是名片上掛著各種標籤、各種單位、協會的理事長、理事、經理等，嘴上說著他認識哪一家上市企業的大老闆、哪個外商主管是他的好朋友，總是說很願意幫忙，但這背後有極大的可能是：他很不夠力。他不是一個那麼有影響力的人，只是期待著你的崇拜眼神，所以無法真正把你轉介到有力的人那邊去，他所謂的兄弟、好友，可能都只是在某個場合打過招呼、拍過照而已。

這麼說，人脈一點用都沒有嗎？

不，還是有用。

我曾經因為辦活動拉贊助，認識了某基金會的執行長，那時候找實習時，也有寄信詢問對方，是否有實習的機會，他直接說：「妳把履歷寄過來，我晚一點回覆。」當天下午，他就回覆我剛好有個實習特助的機會，所以我錄取了，而且下週就可以開始工作！

後來開始上班後，在某次機緣下詢問這位執行長，每個實習申請都可以這麼快速確定嗎？他說：「平常我們是不開缺的，但因為過去妳在活動期間所表現出來的工作能力與態度、策畫出來的活動精采度，讓我對妳的能力有信心，確認了妳的履歷後，即使沒有面試，也早就可以預見妳的工作能力，畢竟那也是一種面試的方式啊！」

這樣的經驗下，我才意會到何謂「弱關係的力量」。

越是在緊要關頭才發揮效用的「人脈」，常常不是你平日汲汲營營經營的人脈，而是當你用盡全力，把你該做的事情做好，每個弱關係的人，都有機會成為你的助力！

人脈是最後的穿針引線，但前提是你需要有足夠的能力，或至少要讓對方信任且看到潛力。

好好提高自己被利用的價值

曾有仍在就學的學弟妹們問我：「該如何把握每次參加講座的機會，讓臺上那些大人物講者，看到自己、對自己有印象呢？」

參加講座，重點是從講座中學習或是獲得新觀點，有問題就舉手發問，釐清心中的疑惑，讓自己在活動後再成長一些，如果因此有機會認識講者，要到名片很好，但沒有，是很正常的。

除非你有明確的專業領域可以交換相關資訊，或是有合作的可能，不然拿了名片，有了一次的打招呼email互動後，時間久了，對方的記憶也會不敵時間，其實這樣的email幫助很有限。

這時有其他學生問我：「請問透過講座認識的一些大人物們，應該要如何維持該人脈、保持良好的關係呢？有沒有關於未來找工作想請對方幫忙，也不會顯得過於突兀的方法？」

經由類似講座場合所認識的人，我自己的建議是：若沒有明確討論的內容，建議就不用特別維持了，因為你若是逢年過節寄email，也只能粗淺地問好，這樣不就跟一般商家的EDM廣告信很像？不需要特別為了人脈而維持，但若是有一些請求，而你也已經準備好了，那就寄出去試試吧！例如上述關於我的實習經驗，當你準備好了履歷、累積好相關的能力與經驗，就奮力一試，聯絡對方看看。大部分的業界前輩們都求才若渴，也很願意幫忙認真且有能力的人，但這前提是「你有能力」。

在現在產業變化快速的環境下，與其找到「大人物」，不如好好把握身邊的同學，如同《不善社交的內向人，怎麼打造好人脈》一書提到的：

「認識多人＝資源多」的時代已結束，因為：

一、社群媒體的發展，自己也能透過網路、社群、各式各樣的活動，找到自己「想見到的人」，並建立人脈。

二、網路革新下，只要一個人或是少數人，組成的小團隊也能進行工作、合作、創業。

自己待在業界一段時間後，有了很深的感觸，在一些合作案中，當初大學時共同努力的朋友們，成了企業端關鍵的窗口！

所以在人脈方面，大學生可以做的，就是好好地累積自己的實力，多多參與活動，做好每件承諾過的事情，不要成為同學口中的「雷隊友」，因為在未來的職場上，你會發現過往的同學與朋友，有時候會是那關鍵人脈。

面對大人物也好，同學朋友們也好，好好提高自己被利用的價值，人脈自然就會很好用。

關於年輕，我學到了……

人脈是最後的穿針引線，但前提是你需要有足夠的能力，或至少要讓對方信任且看到潛力。

#人脈 #能力 #信任 #潛力

2 為什麼受傷的是我，自己卻不斷道歉？

出社會後，你以為到了一個成熟並可以說理的年紀了，覺得每個人都是平等、有邏輯地討論事情，但沒想到很多口中的「大人」，心中都有個比我們年紀還小的小孩。

被害者與加害者

「你怎麼可以離職？公司對你那麼好！」

「我聽起來你就是這個意思啊！」

「不要再解釋了，你就是不道歉嗎？」

「這都是你的藉口啊！」

「你應該要……怎麼都沒有？你是不是針對我！」

「你就這樣離開，我變爛都是你害的！」
「我這麼努力了，但你們就是看不到我的好。」
「我已經做了這麼多，你為什麼還要這樣對我？」
「我是你爸／媽，這是孝順的表現嗎？你知道我們這樣有多難過？我們只是希望你的職涯走得順／我只是希望你能接家中的事業／我只是希望你未來可以被別人看得起。」
「我都是為你好，你怎麼可以這麼說？」

這些句子，可能出自於父母，可能是身邊的朋友，更可能會出現在進入職場後，你身邊的同事與老闆。在一些討論與爭執發生時，一開始會就事論事，到後來，瞬間話鋒一轉，你本來是個求助的角色、單純想要釐清事情的人，一個希望保有自己原則的人，但在不知不覺中，你成了對方口中的「加害者」，這群人成為了他們自己劇本中的「被害者」。他們開始抱怨、自怨自艾，開始跟其他人說他有多麼可憐、無奈、難過、無助……這時候，你成了大家口中的「壞人」。

更可怕的是，他會拉攏其他人，一起攻擊你。

你只是想要根據自己的熱情尋找工作方向，或是依照對未來的理想選填系所，所以嘗試跟家裡分享自己熱情所在的心得，希望他們能跟你一起感受，找到這當中的興奮感，殊不知這時候，母親可能拉攏父親、拉攏其他兄弟姐妹，甚至在家族聚會中，表明為自己的小孩感到丟臉，覺得你是個不會賺錢、不聽父母言的不孝孩子。

真的是因為太自私嗎？

在創業前，我曾經有一群很好的朋友，我們定期會有聚餐，那段時間因為剛創業，工作比較忙，加上巨大的經濟壓力，我已經無法參與這樣的聚會，而當我忙得焦頭爛額時，朋友A開始傳訊息過來，像是：「妳怎麼都不來？是不是創業後就不顧老朋友了？」「妳沒有來，整個聚會都不有趣了，來聚餐一下再回去工作就好啦！人總該休息啊！」「妳是不是看不起我們？覺得我們不夠厲害，所以妳才不想來？」然後開始聽聞到其他友人，看到我時總對我說：「我聽A說，妳現在都很難約，面子不夠大，都約不到的。」

一開始的我，看到這樣的訊息，其實很內疚，認為自己是不是真的成為對方口中所說的人了？可是我明明是因為工作很忙才無法赴約，為什麼他們會覺得我看不起他們？難道認真工作是錯的？難道我這樣的決定，是源自於太自私？我應該把這些「朋友」以及「在意我的人」放在我的創業之上？聚餐或許真的就只是一下子，晚點再熬夜工作就好啦，就像他們說的，我應該要休息，而參加聚會就是一種休息。

某一天，我把這樣的情形跟一位朋友說，至今都對他說的話非常印象深刻：「妳覺得什麼樣的人可以稱為朋友呢？單純約出來吃吃喝喝算是朋友嗎？上同一堂課就算朋友嗎？

對我來說，真正的朋友是，在你很忙的時候，他約你，你可以直接說很忙、下次約；在你談戀愛的時候，他約你，你可以不害羞地說我要陪另一半，下次約；在你每一次都說下次約的時候，他還是會約你，即使你一直拒絕他。」

這一席話，讓我開始思考，朋友的定義。

之後我遇到另外一群朋友，那時候無法參與他們的聚會時，在回覆訊息中道歉，跟他們說公司最近真的比較忙，並解釋許多公司現下所面臨的問題，希望對方可以諒解。習慣難改，忍不住還是先道歉。

沒想到這群朋友對我說：「妳不用跟我們解釋啊，我們知道現在是妳創業的重要時刻，一開始本來就會很忙，妳不要有壓力！反正要聚餐，有的是機會，妳有空，隨時都可以加入，現在妳有夢想要追、有更重要的事情要做，那就認真做！有需要幫忙或壓力太大，想要找人聊，可以隨時敲我們，到時候再出來好好聊聊！看妳為了夢想而努力，真的很為妳感到開心，但也要記得好好吃飯、好好睡覺喔！」

當下我才意會到，真正的朋友，不會在你追求理想時責怪你，更不會將他們的需求加諸在你身上，他們會為了你變得更好、努力成為理想中的人而為你感到開心，而非強拉著你，一起變爛。若一個所謂的「朋友」，需要你不斷配合、不斷取悅、不斷花錢，或許從來不是真正的朋友，或是說，不急著需要這樣的朋友，當你有錢有閒有權，只要你願意，他們一定會再回來，再度成為你的「朋友」。

要有自己的底線

能夠傷害你的人，往往是自己最親近的人，是伴侶、是朋友、是家人，因為他們利用你對他的愛，來傷害你，把自己成為了在你「傷害」下的被害人，讓你內疚、掉進負面情緒、質疑自己、感到罪惡感。

這些行為，有時候他們是不自覺的，或許對方是真的受傷了，而這個傷，往往是來自更久遠、小時候所受的傷，他們面對的，是心中更深的傷口。

那，你真的錯了嗎？

大部分狀況，你並沒有錯，但你沒有劃清該有的邊界，也沒有好好保護自己，而讓對方予取予求，對方受傷了，不代表你也要把自己也弄得遍體鱗傷。

我們可以理解對方身上的痂，但不需要因此在自己身上也割出一道傷。你要有自己的底線，即使這條底線是要你選擇保持距離、選擇離開。這不是自私，是自救。

在長大後體會到大人的世界，沒有想像的成熟，因為很多大人心中，都有個受傷的小朋友，以致於仗著自己的傷口，而傷害了你。

關於年輕，我學到了……

你要有自己的底線，即使這條底線是要你選擇保持距離、選擇離開。這不是自私，是自救。

#底線 #保持距離 #自私 #自救

3 幹嘛要跳出舒適圈，我在裡面滿好的

我認為，「跳出舒適圈」是最不負責任的一句話。

有一段時間，可能因為出國打工換宿、打工旅遊正盛行，主流媒體開始鼓吹著「跳出舒適圈」。

對我而言，「離開舒適圈」是件習以為常的事情，我也很認同這樣的概念，但發現，很多人只了解字面上的意義，而非深層了解：到底為什麼要跳出舒適圈？跳出舒適圈可以獲得什麼？

跳出舒適圈的意義是什麼？

剛畢業時，有位長輩會在聚餐時，一直跟我說：「妳要趁年輕跟○○○姐姐一樣，出國打工換宿、跳出舒適圈、找自己，才能真的成長、學習！

這對人生來說是個很好的經驗啊！」

面對長輩這一席話，我沒多做回應，微笑帶過。

那時候我忍住，沒向這位長輩說的話是：「跳出舒適圈的意義是什麼？」長輩口中的姐姐，她當時出國找的工作其實不需要使用該國語言，甚至到當地仍跟臺灣人聚在一起，若要說關於語言能力成長，我和她的幾次對談過程中，發現成長真的很有限，若是論學習與技能，她在國外所累積的，也不是我期待的樣子。

若是如此，建議我出國是要追求語言能力提升？還是跨文化的交流？而上述這些，都只能透過出國達到嗎？

讀大學時，我也一度思考，到底要不要申請交換學生的名額？

後來我選擇留在臺灣，用其他方式來挑戰自己。

在大三的時候，我沒有出國交換，但那時候以臺大團隊副召的角色，舉辦國際活動 WorldMUN 2010，並跟哈佛大學學生合作，吸引了從來自全球四十五個國家、兩百多所大學的近兩千位學生，到臺灣參與活動，而在籌備期間，更是每週上線與哈佛團隊開會。

大四時，我也沒有出國交換，選擇到外商管理顧問公司實習，後來則是成為外商銀行的MA，在那段時間，參與了跨國合作的專案，開會討論與簡報，都是用英文進行。

為了了解自己、找自己，我選擇各種不同的實習與工作，到現在的創業，每一步都有很多挑戰與嘗試，過程中很多自我反思的機會，每一步也越來越踏實。

找到自己的我，為什麼還需要出國找自己呢？

跳脫舒適圈只是個手段

以上這些話，不是覺得出國交換或是打工換宿沒有意義，而是希望大家可以思考出國的意義是什麼？跳出舒適圈的目的又是什麼？若盲目地出國，但卻跟相同背景的人互動，沒有深入探索文化與學習，會不會只是換個國家而已？若是這樣，那真的有突破舒適圈嗎？會不會只是到另個國家，踏進另一個舒適圈？

若因為換個國家，有不同的風景，讓你有不同的觀察，那很好，只是那不一定就是「突破舒適圈」，更準確地說，會不會只是單純地體驗人生或深度過生活？

有一段時間，大家很習慣說：「我想要出國找自己。」

曾經有朋友開玩笑說：「『自己』都在國外，在國內都找不到吧！」

因為這樣的風氣盛行，曾經有一位學妹在她的產業中表現很好，也很有熱情，但她卻跟我說她很害怕，因為一直待在舒適圈裡面，是不是就沒有進步了？

面對那位學妹，我問她：「目前妳的工作讓妳感到無聊嗎？沒有新東西可以學習了嗎？」

她說：「有啊，還有很多要學的，每天都會接觸新東西，只是因為大家都說要跳脫舒適圈，我怕自己沒有這樣做就會退步、就不能成為業界具競爭力的人才。」

「舒適圈」，不代表一定要換產業、換公司、換職位，或是出國、創業，重點是你的心態、動機與狀態。

需要跳脫舒適圈，是因為你已經在一個環境太久，導致你每天幾乎閉著眼睛、不用動腦就可以完成所有工作，那就代表你已經到了一個停滯期，你的技能是自己所熟悉的，而且沒有了進步。

所以跳脫舒適圈，可以是原有的技能提升，或是擴展新的技能，開始新的興趣、認識新的人，讓你感受到有所學習、有所進步，這才是重點。

也就是說，跳脫舒適圈只是個手段，不是目標！

找到不一樣的人生意義

跳脫舒適圈一定有好處，我以自己為例，從一開始的外商、金融業、管理顧問業，到現在創業後，接觸到的互聯網、行銷、人資、產品管理等工作，甚至是下班後的職涯發展師進修、瑜伽練習等，每個領域都是新的嘗試，透過這樣的跨領域嘗試，很可能發現在過往的環境與教育下沒有被發現的潛能。像現在的我，反而很喜歡人資與行銷的工作，這是我在大學時，從來沒想過的事，但這並不代表我不喜歡過往在外商的經驗，我也很喜歡金融業、管理顧問業的工作，當下會有點壓力，但我的內心還是很快樂。

現在跟過往工作最大的差別在於，我發現自己喜歡一份工作之餘，心中還多了一份踏實感，找到不一樣的人生意義，是我以前所沒有預想過的！

那，跳脫舒適圈有沒有壞處？

有，很多，一開始接觸的崩潰感，在自己摸索、努力閱讀與上課，過程中有人會提出質疑、不信任，等同於過往在特定領域累積的誠信，需要再多一點努力才能達到。若你只是為了跟風，想要多一個「跳脫舒適圈」的標籤，這樣的動機，會讓你把真正的「找自己」往後延，因為你現在只是成為別人理想中的樣子，而不是真實的「自己」，在這樣的情況下，你只會更徬徨、更迷惘、更沒自信。

「挑戰自我」成了一種生活態度

很喜歡《為什麼我們明明過得很好卻不快樂？》這本書中寫到的：「如果我們已經達到目標卻繼續往前，客觀上不就意味著我們再度遠離目標了嗎？……我們沒有停下腳步、設定新的目標，只是依循集體對於進步的號召，因為受到很大迴響而且受人追隨，……我們不斷地遠離自己，卻覺得自己正在向前邁進。」

走出舒適圈的目的是為了成長，而非追求痛苦本身，雖然進步與成長的過程中會帶來一些不舒適感，卻也會伴隨著一點對未來的希望與興奮。若你已經想清楚跳脫舒適圈的目的，不管是單純想挑戰自我、增強自己的能力，還是獲得特定領域的知識，將這個初衷記在心中，這過程中的不適感，會自動迎刃而解。

一開始的跳脫舒適圈，會很緊張、擔心、怕失敗，但只要嘗試兩次以上的跨領域挑戰，即使只是一個新的運動項目、上新的一堂課，你會發現「跳脫舒適圈」「挑戰自我」逐漸成了一種生活態度，過程中仍會帶著興奮感，但少掉很多卻步與焦慮。

就像我，很熱愛工作、接觸很多新想法與新科技，也有很多新挑戰，為了加強相關專業，報名了不同的課程，從人資專業到職涯發展、專案行銷，到NLP神經語言程式學，下班時，我也熱愛我的生活，經營Instagram後，嘗試直播，完全無準備下的線上互動、挑戰不一樣的紙膠帶、貼紙的手帳創作，若客觀來看，我不斷在挑戰新領域、拓展舒適圈，但我的心態，從不覺得痛苦，而是開心、自在的。

重點不是跳出舒適圈，而是擴大、拓展自己的舒適圈，畢竟當你挑戰一個新事物，等到熟悉、累積了資源，自然而然，不是又成為舒適圈的領土？為什麼要一再地捨棄辛苦累積的舒適圈領土？而不是學會整合它？舒適圈擴大，不也代表自己的優勢也擴大？

努力朝夢想前進的人在舒適圈裡自律，而想要假裝努力的人是在舒適圈外自虐。

關於年輕，我學到了……

若你已經想清楚跳脫舒適圈的目的，不管是單純想挑戰自我、增強自己的能力，還是獲得特定領域的知識，將這個初衷記在心中，這過程中的不適感，會自動迎刃而解。

#跳脫 #舒適圈 #增強能力 #初衷

4 你當然可以幻想，但時間卻無情地不斷流逝著

我們以為二十歲後就會開始變成大人，慢慢地，未來就能跟當初所期待的一樣，變成自己理想中的樣子。

你有沒有曾經看過這樣的故事？

剛上大學時，跟自己說：「反正大學有四年，先好好了解環境再說。」

到了大三，看到身邊有人開始找實習，跟自己說：「先等我玩夠本，反正實習只是去企業當免洗筷、廉價勞工。」

到了大四準備要畢業，跟自己說：「找工作前先等我找到自己。」

剛出社會後，看到有些人爭取專案發表、認真工作，於是跟自己說：「先等我熟悉環境再說。」

工作一段時間，發現四周圍的人會在下班後學習與進修，討論轉職與個

人品牌，於是跟自己說：「反正累積足夠的資歷，自動能升職、加薪。」

要做什麼夢是每個人的自由，可是，時間卻開始一點一滴地流逝，不切實際的幻想會在某一天像泡泡一樣消失，最後消弭在未來的陽光下。

大學除了熟悉環境，更可以透過參加社團、不同活動，拓展自己的興趣、認識不同的人；找實習不只是為了工作而已，更是透過實習，可以轉換不同的產業、職缺、認識不同企業，讓自己知道，想像中的業界實際上長什麼模樣、知道自己更適合哪種職涯發展；找自己很重要，但若嘗試的方向不夠多元，或是嘗試後總少了收尾反思的動作，很難真的找到自己；到了業界更是變動的開始，當你不夠積極、沒有適度表現你的能力，很多機會不會憑空出現，世界在這二十年的時間裡發生了金融風暴、新冠肺炎等，過往以為不會倒閉的大企業，都有結束的一天，當你只剩下一間公司的資歷，而非能力，那最多只能期待公司不倒閉、不被資遣，不然每年都有著新的人才在市場上出現，你無法升職、加薪，只能期待不被市場淘汰。

實際前進，而非單純地在腦海中前進

很多事情的確不用急，用自己的速度前進，但前提是：你有在前進。「慢，才是快。」但你還是需要緩慢進前、有所行動，而非單純地在腦海中前進，但實際生活中卻沒有任何改變。

有些人會說：「我不是不做，只是希望可以到了一個完美的階段後再開始行動。」

這樣當然可以，但你可以先想一下，在過去的經驗中，這句話是對自己的藉口？還是真的在這樣的準備下，能如期完成想要完成的目標？

很多人以「要求完美」當作「等一下」的藉口，當你還沒有開始行動，就不會看到成功的那一天，而所有的事情，包含成果，在想像中總是最美。所以你開始拖延，並安慰自己，這是因為在等一個完美的時機而已。

時機的確需要等，但前提是你已經準備好，你沒有丟出履歷，好的企業怎麼會看見你？你沒有報名考試，怎麼會有機會拿到證照？你沒有撥出電話，怎麼會有接觸客戶的機會？你沒有留意四周圍的行銷廣告，怎麼會有相對應的素材，讓自己隨時都有創意？

如同《大器可以晚成》一書中，討論到自我懷疑的處理方式，有些人會透過一套完美的說詞，憑空變出障礙，來合理化自己的失敗或是不夠好，也就是心理學家所謂的「明日幻想」（tomorrow fantasy），等時間對了，我們就能夠充分發揮自己的能力、獲得成功，在這之前的不順遂，都只是因為我沒有盡力罷了。

履歷絕對不是隨意添加明明沒有做的事情

可能受過往電影或偶像劇的影響，越是無所為、使壞的人，越能成為主角，《哆啦A夢》中的大雄、《我的少女時代》中的徐太宇等，在現實生活中我們也容易期待著，是不是能夠成為那幸運的一個，生活中自帶聚光燈，就等一個美好的時刻、一個人、一個事件，像是抽中了樂透一樣，來一個華麗的人生翻轉。

記得曾經有位同學找我做履歷健檢，他是一位南部私立科技大學的大四學生，最近看到有本雜誌介紹管理顧問的工作，內文中寫道，這是一個可以一直往外飛、薪水很高、很有趣、可以看到很多產業的工作，當他看到我的經歷中，曾實習過管理顧問，所以特別找我，讓他有機會能應徵上那份工作。

在這過程中，我先了解他的履歷，

我：「請問你還有其他社團活動經驗嗎？因為目前在你的履歷上，似乎沒有參加過社團，是否還有其他的活動經驗呢？若是有相關國際交流的經驗，那就更好了！」

對方：「系上去越南參訪的經驗可以嗎？」

我：「可以啊，那可以多分享一下，在那邊待多久？有什麼樣的互動經驗呢？」

對方：「其實就只是一星期，然後跟當地的大學生互動，陪我們走訪一些觀光景點。」

我：「那有其他活動參與經驗嗎？或是，在大學這段時間，有沒有特別累積什麼樣的團隊經驗？或是參加商業比賽？」

對方：「沒有耶，那時候沒多想，就也沒有去參加了，也沒有學長姐跟我們說要參加。」

我：「那可以請問，在過去的經驗中，是哪個契機點讓你對外商管理顧問公司的工作有興趣？為什麼突然想要爭取這樣的工作呢？」

對方：「因為看到有雜誌介紹，網路上剛好也有一系列文章分享到管理顧問的工作，文章中寫到，這是一個可以一直出國、薪水很高、很有趣、可以看到很多產業的工作，我自己就是一個很喜歡有趣的工作，**work hard and play hard**！加上薪水那麼高，又可以一直出國，覺得真的是很棒的一份工作！」

以上的對話，讓我不斷思考，該如何引導他思考，什麼是自己要的？他若真的想要這份工作，可以怎麼準備。

對方：「還是可以請妳幫忙代寫中英文履歷跟自傳？履歷健檢不就是可以把履歷寫得很厲害嗎？如果我加價，可以直接請妳幫我重寫嗎？」

最後，我當然拒絕了這樣的服務。

履歷健檢，主要的目的是幫助你修飾語句，幫你在原有的經驗下，如何抓到主要的重點，符合企業真正想要知道的特質或是能力，絕對不是隨意添加明明沒有做的事情，若那樣做，那已經是欺騙雇主了。

當初就讀大學時，為了拿到在某個行業裡的實習，是花了多少時間與精力，拚了命地準備，才足以擁有那一張入場券。

第一次遇到這樣的個案，在過程中，他沒有問我可以參加哪些活動、加強哪些能力，而是希望透過履歷，瞬間改變他過去的人生，讓他輕易取得理想的職缺、成為人生勝利組。

這樣的人生不是沒有，只是機率太低。你可以把所有等待，壓在那小於一%的機運上，但也要清楚你的風險：賠掉你的人生。

不再是「幻想很厲害」，而是要「真的變厲害」

小時候，我也會期待著自己可以是個天才，不用花很多時間讀書，就可以考很好，所以在高中時，如果有同學問說：「妳昨天有複習嗎？」我都會回答：「沒有耶。」這時候考試考很好，看到別的同學羨慕的眼神，真的會很開心。

但其實，我一直都知道自己不是一個天才型的人，我需要認真讀書，才有機會獲得好的分數，在平常上課時，為了要維持「沒有花很多時間讀書，就可以考高分的聰明人」形象，我也不太敢在下課時念書。

後來開始準備學測時，開始意會到，明明在學校有很多可以應用、可以讀書的時間，就只是為了維持那「聰明」的形象而白白浪費掉，於是我開始問自己：「幻想自己很聰明，或是說，讓別人以為我很聰明，跟努力讀書，考上自己最理想的校系，哪個重要？若我看起來聰明，卻沒有考上想要的科系，跟我看起來不聰明，但是考上我理想的校系，哪個是十年後的我，會最後悔的？」

我內心有了答案：我可以接受別人覺得我不聰明，但我不能接受，我連試都沒試、連努力都沒努力，結果有人考上我的理想校系，我卻只能在那邊耍嘴皮子，向別人說只是自己當初不認真而已。這些話只是逞一時之快，但正因為自己的膽小與懦弱，讓人生有了一個永遠無法消失的懊悔。

釐清了我內心真正的優先順序後，我開始瘋狂讀書，我再也不怕別人看我的眼光，我下課讀書、午餐時間衝去圖書館讀書，回到宿舍過著戰鬥營一般的生活，只為了再擠出一點時間讀書，同學們覺得我讀書讀瘋了也好、認為我是個書呆子也好，因為我不想要只是「幻想很厲害」，我想要「真的變厲害」，真的考上我想要的科系！

從考大學的經驗後，我有了一個新體會：「當你承認自己的平凡，才有機會創造不平凡。」

打腫臉充胖子，可以說是自己的完美主義，畢竟，自己總是最容易欺騙自己的人；但只有當你可以看清現實、準確評估狀態，才有機會採取更適合的行動與方向，讓自己生活更踏實。

關於年輕，我學到了……

當你承認自己的平凡，才有機會創造不平凡。

#承認 #平凡 #創造 #不平凡

5 沒有人會一直在原地等你，停滯不前的一定會被拋棄

某次在咖啡廳時，曾聽到旁邊有一群朋友在聊天：「你什麼時候讀這麼多書的?!你都偷偷準備，偷跑！」對方笑笑地回說：「嗯？有說好要等你嗎？」

有沒有曾經一個時刻突然發現，跟一群人越走越遠，可能是你超前，也可能是對方在前面，當下立刻驚覺：沒想到彼此之間的差距已經這麼大了……當初的我們，不是還一起嘻嘻哈哈地玩樂著嗎？

尤其現在大學這麼多，很多人都抱持著「即使考不好，還是有大學可以讀」的心態，甚至是「若大學學歷不夠，還是有很多研究所可以考，反正只要有文憑，出社會後應該不難找工作吧？」就這樣撐著撐著，認為拿到畢業

證書，自然就會有璀璨的未來了吧！

以為大家在學校時，一起吃吃喝喝，一起在打掃時間聊天，一起傳紙條，卻在準備考大學、申請學校，或是準備畢業找工作，開始寫履歷時，發現，那位同學履歷上充實的經驗，都是自己所沒有的。

你有沒有對未來的目標與期待？

有沒有發現，長大之後，你身邊的人不再一直等你了？友誼歸友誼，自己的夢想是自己的夢想，這本來就不衝突；每個人回歸到自身時，還是有自己的人生要過與夢想要追，朋友間雖然有共同的話題，但也有不一樣的習慣，沒有誰該為誰放慢腳步。

我自己也有很深的感受。大學三年級就像個分界點，大家都會有自己的事情在忙，有些人開始找實習、有些人努力修學分，希望修完雙主修和學程，有些人則開始考托福，準備申請交換學生資格……每個人都有自己的目標在努力著，一不小心就會有只剩下自己還在原地踏步的感覺。

尤其到了開始寫履歷時，有些人思考的是如何把所有經驗濃縮在一頁，有些則懊悔著，自己為什麼都沒有相關經驗或能力可以表現，想著該如何用其他詞語來塞滿自己的經歷。

沒有誰偷跑，也沒有誰棄誰不顧，單純地，你有沒有對未來的目標與期待？

找到一個方向就前進，大不了沿路修正，就會離理想的自己越來越近。

記得大學時，開始流行著：Work hard and play hard.

這句話主要是想提醒亞洲學生在認真讀書之餘，也要學會看看書本外的世界，不要只成為書呆子，可以多元發展、嘗試不同的事物、認識不同的人、自我挑戰。

但是很多人卻誤解了這句話，過去進行履歷健檢時，有很多同學會把這一句話寫在自己的履歷上，做為自己的座右銘。但是若進一步詢問，對於play hard，總有著滔滔不絕的例子，但是在work hard上，就會開始支支吾吾。

原本的句子是期待認真盡力之餘，也要好好地用不同方式享受人生，卻讓大部分的人解讀成：好好享受人生，也要記得努力一下喔！

當你選擇藉口時，更多人選擇了行動

《哆啦A夢》是許多小孩的童年卡通，我們總羨慕大雄身旁有哆啦A夢，但卻不知道其實這是一張「惡魔通行證」，總是有理由和藉口去為自己開脫。有人會說：「我也想努力，但是偏偏我所擁有的資源有限」「我沒有有錢的爸媽」「我沒有遇到有力的朋友」「我有很多事情要忙」「我就是天資不夠好」「我學習能力不夠快」……我們人就是喜歡找藉口，為自己的行為、處境找一個「心安理得」的解釋，至於別人能否相信就不是那麼重要了，只要自己心裡舒服點就好。一次一次的逃避所帶來的後果就是你跟同儕間的差距越來越大，在怪罪別人時，別人卻已經在為自己的未來做打算。

本來就沒有人該為另一個人的人生負責。當你選擇藉口時，更多人選擇了行動，開始往理想的自己前進。

記得當初大學社團選社長時，有一位學長很不看好我，因為他擁有學術背景，所以認為社長應該也要有很強的學術能力，而我，沒有達到他的理想。那時候我一度呈現自暴自棄的狀態，心裡想著：「我為什麼要在這邊被人看輕、受這樣的批評與排擠？」老實說，我的內心是相當沒自信的，甚至還被別人發現某次走回宿舍的路上，我難過到掉眼淚。後來因為這件事，又被人拿出來攻擊，質疑我的抗壓性，認為我不適合擔任社長。

那段時間，有好幾個晚上都躲在被窩中偷哭，然後心中的聲音不斷地跟我說：「放棄吧，我沒有別人說得一口道地的英文，我就是沒有經歷過其他人小時候的教育環境，大不了再換一個社團，或者也不需要玩社團了，反正離畢業還有一點時間。」

記得那時候在室友推薦下，開始看《交響情人夢》，裡面的野田妹也是在一片不看好的環境下，打破束縛，拿到了出國的機會，突然一股念頭浮現出來：最後沒選上又如何？但放棄了，就真的選不上了！難道就沒有反轉的機會嗎？

最後，我咬著牙，撐到最後的社長選舉，以一票之差的結果，我成為了社長。後來在擔任社長的期間，也順利帶領整個社團爭取到 WorldMUN 2010 in Taipei 國際活動，後來更創辦了泛亞洲模擬聯合國會議，讓模擬聯合國會議的活動在臺灣發光發亮。

跟那位學長之間沒有絕對的輸贏，但回想起整個過程，我很感謝當下自己所做的決定，越是想築夢的人，就越容易被傷害，只有熬過來，才能擁有自己喜歡的模樣，於是我努力向前走，往自己的理想前進。

有能力的我們，會做出什麼樣的選擇？

發現問題時，總會習慣退縮，因為那是我們最自然的反應，為的是保護自己不受傷。長大後，要適度地讓自己靜下來，觀察目前所面臨的狀況會不會是個「假警報」。

我們不敢面對的，可能是心中住著一個沒長大的小孩，過往家庭經驗、教育經驗，讓我們養成特定的面對問題方式：在高壓的家中，遇到問題一定先假裝妥協，因為怕被罵；在愛比較的生長背景，遇到問題選擇先逃避，反正比不過，一旦逃避就不用比。

我們要告訴自己：我們已經長大了，現在看待這個問題的是心中的小孩？還是已經長大成熟的我們？

小時候的我們或許無法改變事情，只能聽從父母、跟著同儕附和，但現在的我們是有能力的，又會做出什麼樣的選擇？如果它是合理的，就讓它變成理智的一部分；若是荊棘，那就不再需要心軟，即刻斬除它、粉碎它。

關於年輕，我學到了……

越是想築夢的人，就越容易被傷害，只有熬過來，才能擁有自己喜歡的模樣。

#築夢 #被傷害 #熬過 #模樣

6 當你還有時間胡思亂想，代表你還沒全力以赴

「如果我同時考上A跟B大學，我要選哪一個比較好？該怎麼選？」

我永遠都記得高二時，跟高中數學老師討論這個問題，當時老師這麼回我：「妳現在預先設想這個問題，會幫助妳考到好成績嗎？會因為妳選了A或B，讀書策略就會改變嗎？（我的問題選項是兩所不同大學且不同科系，而那時候看的科目分數是差不多的）不會，所以等到妳考到好成績，確認這兩間學校都上了，我一定會好好分析給妳聽。」

專注當下，甩開焦慮

那時候這樣的一段話，對未來的我很受用。的確，預先設想好問題與可能解法，在面對我的選擇時，其實是沒有加分的，我當下能做且要做的仍然

是好好讀書、考到好成績，所以我甩開那些焦慮，計算我可以讀書的時間，為自己規畫一個專屬的讀書計畫表。

這個「心法」在我大學，甚至畢業找工作時都很受用。大學要加入哪個社團？我會直接到社團博覽會詢問，甚至去聽社課、跟社團內的學長姐們聊，最後再確定，而一旦確定了，就會百分之百地投入；畢業找工作時也是，一度內心嘰嘰喳喳的聲音再度出現：「我該去應徵這個職缺嗎？若同時間面試怎麼辦？如果拿到offer到底要怎麼選？如果拿到這個職缺，不知道出差的頻率會多高？」

意會到自己無謂的焦慮又開始時，另一個聲音就會出現了：「妳現在想這些，會幫妳拿到工作嗎？不會。唯有專注在準備面試，才能幫妳拿到工作！」

後來，面對求職，我認真做功課與準備，把能先查好的部分都先分析一番，最後把所有有興趣的產業公司都投過一輪，在這段時間與過程內，就不再多猜測，每次面試都當成是更認識一家企業的機會，更是來測試自己過去四年累積的經驗與能力，每次與人資或是主管的面談，沒有其他目的，就只是為了確保對方能看到我的優勢、我的好，其他評論我就不在意了。

我想要的人生到底是什麼？

說來簡單，做起來卻很難。因為焦慮煩心，你不可能不胡思亂想，不論是課業、工作、愛情、友情，甚至是親情，我們都很容易因為不熟的人在社群上發的動態、朋友嘴裡說出的一句話，或是情人的一個眼神、爸媽的一個舉動而過度解讀。

創業滿二、三年後，那是最痛苦的過渡期，因為當時有點成績，但又擔心因為科技浪潮、產業的狂浪而站不住腳、找不到投資人、賺不到錢、市場不夠穩、競爭者威脅太大等等，有一段時間，真的什麼都想做、什麼都想搶第一、什麼都想贏，嘴上說是為公司好，但其實是因為內心非常害怕失敗、害怕落後，畢竟當初留在外商公司的朋友們，都在往上升遷、有了好成績、好職稱，而在創業的我，一旦失敗，過去兩年的時間，似乎就白費了。

那段時間，心情非常憂鬱，夥伴當時還直接對我說：「妳知道妳現在自帶烏雲嗎？在辦公室，妳位置的那一區塊是黑暗的。」甚至直接問我說：「妳要不要重新想想還要繼續創業這條路嗎？這是妳最好的選擇嗎？妳真的喜歡現在做的事嗎？若沒有了熱情、沒有未來的期望，創這個公司，還有意義嗎？會不會到頭來，只是妳的執念？沒有任何意義，單純想贏的執念？」

當下那段話對我而言如同當頭棒喝般，讓我意識到自己沒有方向、腦袋中只有一堆別人的眼光和別人的成績，而不是思考「我想往哪裡去？」「我為什麼想要創業？」「我想要的人生到底是什麼？」

釐清目標，找到方向

很多人問我：「我很容易在做一件事情前，不自覺地想東想西，導致很焦慮，該怎麼辦？」

想東想西這個行為是很自然的反應，尤其從小接受臺灣教育的我們，被教導著要多思考周全一點，所以當遇到各種問題時，總會在心中跑過好幾個小劇場、分析很多種情境，再加上在臺灣的氛圍，讓我們害怕失敗，所以總以為多想一點等於多準備一點，也就能夠降低失敗的可能。

殊不知我們只知道要多想一點，卻不知道要如何調整與刪減思考的內容，甚至開始混著情緒一起思考。

面對這樣的狀況，我都會建議：

第一，寫下你所有的想法，釐清從這些疑惑與問題中，哪些是可解決的？哪些是不可解決的？

例如最常有人問我：「明天就要去新公司報到了，如果第一天就表現不好，被討厭怎麼辦？」可以看出主要問題在於第一天的表現狀況，接下來就是被討厭的問題。

表現狀況是不是自己可以掌握的？是。可以透過詳細列出該做的項目核對清單，事先把相關文件讀熟，了解公司狀況。

被討厭這件事情是不是可以控制的？不行。因為喜好與否取決於同事與主管，無法控制其他人的主觀想法，所以多想也不會改善這個情況，那就告訴自己：「我會好好表現、好好工作，至於別人喜不喜歡我，不在可以控制的範圍內。」把這些事項寫下來，為這件擔憂的事情做個結尾，從心中把它放下吧！

第二，再一次釐清，你的目標是什麼？你內心想要的是什麼？

有時候思考亂了方向，越想越迷惘，只因為還沒釐清自己的大方向為何，導致於什麼都想要，卻什麼都拿不到。

靜下心，好好想清楚自己的人生觀、價值觀與工作觀各是什麼？你理想的人生長什麼樣子？對你而言什麼是底線？什麼是最重要的？工作對你而言，又是個怎麼樣的存在？

當你知道自己真正想要的是什麼，列出這些目標，並排好優先順序，這份清單自然而然就會像是燈塔般，讓你在一團迷霧中，逐漸看到光亮，知道該前進的方向。

每一步不求完美，因為每個人的人生都是彎彎曲曲的，嘗試新的路、開發自己的路，雖然無法確切知道可以到哪一個目的地，但能確認的是，只有出發，才有機會修正路線，才有機會離理想的地方更近一點。

第三，面對這樣的目標，你是否有自己的規畫？而每一個階段在你的規畫中，扮演著怎樣的角色？

我觀察過很多人非常容易胡思亂想，是因為他對未來沒有方向感，或是說他沒有一個明確的目標與計畫，所以每到一個十字路口都需要停下來，再思考一番。

你可以擬定自己一到三年的目標與規畫，當有了一張藍圖，它自然就會成為你心中的地圖，讓你可以看到現階段已到達哪個地方，又該怎麼做，才可以離理想的地方再更近一點。

當眼中有了目標與方向，過程中用盡自己的力氣完成該完成的事情，在這樣的狀態下，你已在行動中，並為自己訂下的目標與規畫努力著，當下的你，已經沒有多餘的眼光與腦袋可以「胡思亂想」。

關於年輕，我學到了……

每一步不求完美，因為每個人的人生都是彎彎曲曲的。

#不求完美 #人生 #彎曲

7 成年人就是一個自相矛盾體

在「轉大人」的過程中，會有一段時間，老是聽不懂大人們的話：

「每天都好累，好想離職，但又不能離職。」

「那個人真的好討厭，但又不得不跟他出去吃飯……」

「到了這個年紀，我也沒有別的選擇了，只能留在這間公司／跟這個人結婚。」

「會做這個決定都是逼不得已的，是老闆要我這樣做的。」

「我真正想做的是〇〇工作，若當初有資源，我早就不只是這樣的成績了。」

成年人之所以有許多矛盾是因為不敢面對自己的險惡，見的多，想要的也會跟著變多。好多的不得不、好多想做卻被無形力量拉扯到不能做……這些約束自己的力量，到底是別人給的，還是自己給的？在內心深處，自己到底是想要？還是不想要呢？

記得第一次看《穿著Prada的惡魔》時，覺得片中的小安（安・海瑟薇飾）真的很可憐，怎麼會遇到像米蘭達（梅莉・史翠普飾）這樣差勁的老闆？後來出社會一段時間，再重新看這部電影後，瞬間可以理解最後她跟老闆的對話：

小安：「我別無選擇。」

米蘭達：「不，妳選擇了，妳選擇超越，妳要這種人生，就得做那些選擇。」

生活中，我們老是喊著「不得不」「別無選擇」「逼不得已」，其實不是真的沒有選擇，只是我們自動忽略了那最難的選擇，實際上，也是一種選擇。

不是沒有選擇，而是不願承擔風險

記得曾經跟一位在私募基金工作的朋友聊天，他跟我抱怨這份工作讓他覺得心好累，工作時數很長、筆電需要隨時在側，一旦老闆或客戶有需要，不管他人在哪，就得馬上開工，甚至曾在接到公司電話後，即使當下他正在看電影，也得馬上趕回辦公室，導致於他跟每一任女友的關係都不長久。這位朋友又說，他也好想要回家一開門就有人迎接的溫暖，但因為目前的工作，讓他別無選擇，只能犧牲掉感情。

我問他要不要換個工作看看？他說有想過，可是其他工作都無法提供這麼高的薪資，他擔心若換工作，他就沒辦法累積一定的財富，讓他可以隨時出國、到處旅遊。

其實聽到這邊，我心中大概就有個底了。他不是沒有選擇，只是對現階段的他、家庭或是伴侶或許重要，但那些都不及舒適的生活、優渥的薪資來得重要，若要透過犧牲薪資換取一個溫暖的家或感情，對他而言太難了。

到頭來，不是沒有選擇，而是面對那個選擇，不是現階段自己最重視、最優先的罷了，也就是說，那是個很艱難的選擇，但它仍然是個選擇。

每個選擇都有風險，但不代表你沒有選擇，你只是不想承擔風險。

那為什麼不想承擔風險？可能是因為隨著年紀增長，每件事情的機會成本都會變高，而我們也就越來越害怕失敗。例如，如果我現在放棄了原本的工作，去追逐當初想做的職業或想完成的夢想，我的機會成本可能是原本的工作、累積的資源、原本可以負擔的物質生活。

再加上出社會後，開始看到各種環境的現實面，發現那些自己不能認同的人活得好好的，甚至還活得比想像中的還要好，他們集名氣、勢力與財富於一身，而自己如此努力到底是為了什麼？所以你羨慕起這些負面的影響力：「原來有這麼多投機的方式可以獲得自己想要的。」「原來權力可以享有這麼多優勢。」「原來錢可以買到朋友。」……於是你開始變得貪婪，開始成為自己小時候所厭惡的人。

這些改變錯了嗎？沒有錯，若這是你想要的，當然沒有錯，但若你想要同時擁有這樣的改變以及成為理想中的大人，那你就錯了。

手段有很多種，但往往「免費的最貴。」「抄近路走最遠。」當你遇到一件想逃避的事情，生命總會用奇妙的方式讓你重新面對，可能是因為，這就是一道人生必解的習題吧！

坦然面對自我，難嗎？

出社會後，也會出現另一種矛盾的表現：「掩飾自己」或是「心口不一」。

在職場上，總有人喜歡說：「我這個人，對事不對人。」往往這種人最容易對人不對事；最喜歡說：「我只是講話比較直。」「我比較做自己。」其實只是想掩飾：「我想講自己想表達的，你聽完之後的情緒，我一點都不想管。」很多身邊的阿姨們也是很喜歡說：「胖很好啊，做人幹嘛那麼辛苦？我吃東西都不忌口的。」但同時一直懷念自己年輕的時候擁有多曼妙的身材、說著有多少人追，似乎在掩飾著「我想要變瘦，但我不想要減肥」的懶惰心態。

「對人不對事」這件事本身沒有問題；想「做自己」所以不想管別人的情緒與反應，也沒有問題；喜歡胖胖的自己也很好，一點問題都沒有，只要你認為是對的事情，且沒有傷害到別人，都沒有問題。但讓我不懂的是，為什麼就不能坦然面對自己內心真正的欲望？為什麼要用盡各種詞藻，只為了掩飾自己內心真正所思？

你的內心，這麼見不得人嗎？跟自己當好友、認同自己，這麼難嗎？其實這些矛盾對其他人而言，沒有不好，只是心中矛盾的點越多，你就會不自覺地開始感到痛苦，你的內心每一天都在用不同聲音的大吼、拉扯中掙扎著。

相信自己擁有「選擇」的能力

面對這樣的矛盾，最好的解決方式是：

第一，在心中排出事情的優先順序，明確知道現階段的人生，哪件事情最重要、哪些是不重要的，相信自己有能力做好選擇與排列，只要你願意靜下心。

我們當然可以什麼都想要，但要知道每天的時間有限，所以你只能在有限的時間內完成有限的事情。也就是說，你的人生可以擁有好的報酬、挖掘出專業、在自己熱情所在處工作、具有影響力，只是這些事情都只能按部就班地一次完成一件，例如第一階段目標先找到自己的熱情所在，可能歷時三個月，也可能是一年，接著便可以開始學習、累積專業能力、到業界累積經驗，經過三到五年後，再去爭取更高的報酬，五到十年後，你在產業內也待了一定的時間、累積了不少聲譽，這時候就可以發揮影響力了。發現了嗎？你已經獲得一開始想要的所有東西了。

第二，肯定自己，你不需要因為自己的喜好、特質、興趣跟別人道歉。

若有一件事是你真心認同的、希望達成的，那就肯定自己吧，這樣才有機會讓別人感受到你喜歡這事物的美好。

高中時，我是現代舞隊的一員，那時候跳著自己似懂非懂的意境舞姿，一開始其實覺得有點丟臉，那時候老師說：「當妳覺得尷尬，臺下的觀眾會比你更尷尬，因為妳的肢體都表現出來了。」

因為有了這樣的經驗後，一旦遇到事情，只要我覺得不妥的、無法完全說服自己的，我都會先採取打破沙鍋問到底的方式，讓自己心中的疑惑都一一消除，接下來就是一心一意、全心投入。

當你真心相信所愛的東西、當你真心愛自己，別人才有機會被你感動、被你說服。

第三，要相信自己是有選擇、是有能力的，你要賦權（empower）自己。

這是跟職涯發展個案晤談過程中的一個重要方式之一，也就是，你要讓個案自己，相信自己是有能力改變、有能力決定，這樣接下來的決定與建議，才有意義。

同理，若已認定自己沒有任何掌控的能力、只能被迫承擔、只能聽天由命，沒關係，那請你永遠記住這樣的信念不要改變，而這樣的你，也更沒有資格抱怨，因為你本來就沒有行動，每件事情都是老天爺給你的最好安排，那又該有什麼要求呢？

若認定自己有能力，可以透過努力讓自己有些許不同，那就記得這樣的信念，即使那是個很難的選擇，需要盡全力的努力，自己也都是有「選擇」

的機會與能力。

而實際上，你是真的有這樣的能力。

人生活到現在，從早餐店選擇點A套餐還是B套餐，從朋友中，選擇要跟A朋友還是B朋友深交，到選擇哪一門課當作自己的選修學分，你已經為自己做了很多選擇，也都是很不錯的抉擇，只是偶爾還是會遇到「等級比較高」的選擇機會，但只要你能排列出所有的選擇，包含最難的、最無厘頭的、最創意的，一旦你認清這都是自己的選擇時，就會發現可以改變的其實比可以選擇的還要多，你是有能力掌握自己的人生。

關於年輕，我學到了……

每個選擇都有風險，但不代表你沒有選擇，你只是不想承擔風險。

#選擇 #風險 #承擔

Lesson

2

找到一份有熱情的工作，
無非是讓自己感到幸福

— 關於職場 —

1 你可以羨慕別人，但羨慕不會讓你進步

當我們還是學生的時候，都有著同一個目標，不外乎就是要把書讀好、不要被當、順利畢業，所以羨慕彼此的狀況相對較少。一旦畢業後，面對更多元的選擇，每個人的人生，有更明顯的改變了，尤其在畢業後的三到五年，你開始發現，當初同所學校、同系所畢業的同學們，有了不同的變化。

有些人找到自己熱愛的工作、有些人已經在自己的工作領域上發光發熱、有些人創業、有些人準備回到研究所進修，也有些人繼續抱怨自己找不到好工作、羨慕別人的各種成就。

在我進行職涯規畫諮詢時，很常聽到以下的語句：

「好好喔，同學A都可以出國工作！」

「好好喔，同事B日文講好好，被日本客戶稱讚。」

「好好喔，同學C當初畢業時，跟我一樣都很難找到工作，但現在他的薪水好高喔！」

「好好喔，同事D都有進行這種專案的機會，而我就是沒有這樣的機會。」

「好好喔，系上同學E還沒畢業就已經拿到return offer，畢業後不用跟我們一樣痛苦找工作！」

聽到這樣的話，我通常會反問：

一、為什麼這樣的經驗會讓你覺得很好呢？為什麼會覺得羨慕呢？

二、他這樣的經驗，是你原本的目標之一嗎？

三、這樣的經驗，你真的達不到嗎？你曾試著努力去爭取了嗎？

在羨慕過後，你有什麼樣的行動呢？

我自己帶過一個實習生，他是個土生土長的臺灣人，在學期間從沒去日本交換或打工遊學，大學畢業後到日本工作，今年是他在日本生活的第三年，目前在一家國際公司上班，這也是他從讀大學時，就很渴望的管理顧問工作，當有其他學弟妹聽到他的故事，都會很羨慕地說：「才三年就可以跳槽到這麼好的工作、拿到這麼高的薪資，日文發音跟內容都像個道地日本人一樣。」

單看他目前的成就，確實很令人羨慕，但過程其實是很辛苦的。他讀大學時才開始學日文，考試一拚就是最難日文檢定N1，而在他準備日文，甚至準備到日本工作的這段時間，在系上的好友只有一位，不常參與系上活動所以被班上同學歸類為邊緣人，因為他把時間花在與校內的日本交換生交流，導致他沒有太多時間可以參與系上活動。直到最近，因為工作上的成就，受邀回系上與系友分享，成為學弟妹們心中的神人。

他剛到日本時，工作不滿三個月就想離職，而同期從臺灣過去工作的三個人中，只剩下他一個人，於是他開始找當地的獵人頭公司，希望可以轉職。那時獵人頭公司窗口直接回覆他：「你到日本工作的經驗不到一年，你覺得自己累積了什麼能力？有什麼經驗、成績吸引企業雇用你呢？建議你先努力做出成績，這樣才有機會拿到比較好的職缺面試機會。」

在這樣的建議下，他決定咬緊牙關，從原本的小小業務員，被動地處理業務，到主動參與公司內的各種活動、積極拜訪潛在客戶，他已經連續兩年拿到top sales（最佳業務）獎。

大家沒看到的是，在拿到獎項前，他很常被客戶取笑，因為他的日文能力還是沒辦法像當地人一樣那麼好，常常在下班搭電車時，哭到被其他乘客投以關注的眼神。不同於其他同齡的同事，在日本工作時，他不出去社交、聚餐，放假都待在家裡認真讀日文，或是參與日語學習相關的活動，於是，在日本工作的第一年，便突飛猛進，拿到最佳業務獎。接著，他開始爭取其他部門專案的機會，自學Python，讓自己的技能更上一層，最後讓他順利在日本拿到最理想的國際管理顧問工作！

他的日文能力，是他選擇放棄很多玩樂和旅遊的時間、宅在家中努力讀書所換來的；他順利轉職，是多少次在電車上大哭後，再擦乾眼淚、再繼續拜訪客戶後取得業績、得到成績所換來的。

這些事情，每個人都可以做到，只要你願意。

所以在羨慕後，你又有怎樣的行動呢？你知道這些人背後的故事後，又給自己列了怎樣的目標、設定了什麼樣的計畫呢？

看到別人的成就會感到羨慕、會開始自怨自艾，會開始討厭自己和社會，往往不是因為那些成就你達不到，而是你不想要用辛苦的方式去達到，總期待著有沒有天降的幸運，讓自己能獲得這一切。

若你選擇不要辛苦、不要努力，那同時也是你選擇放棄成為令人羨慕的機會，畢竟所有事情都必須付出代價。

那些令人羨慕的事物是你真心想獲得的嗎？

因為社群的盛行，很多人在滑Instagram時，很容易被別人精采的生活照片給吸引了，因而產生羨慕的心理，像是羨慕對方可以到國外工作、到國外讀書進修等。

但是羨慕有個前提：你想要，但沒有辦法達到或是無法取得。好幾次聽到有人發出羨慕的語氣，在認真詢問後，發現他所羨慕的照片中的景象、這些經驗，根本不在他自己的人生願望清單中。

若是這樣的狀況，你又為什麼需要羨慕對方呢？這些本來就不在你的追求與目標範圍當中，對方得到，就真心地祝福他，但不必要因此讓自己不開心，或是進行自我批評。

再仔細思考，這些工作經驗自己真的沒辦法擁有嗎？很多人羨慕別人打工遊學、出國進修等，但細聊下來，發現他們不是不能申請，而是當下有其他更重要的事情想做，可能是拿到理想的職缺，也可能是有想考的證照等，這麼說起來，是自己選擇不去申請，而非無法申請或申請不到。

若你發現，那些令人羨慕的事情，也在你的人生目標清單中，而現在的你卻無法達到，那就換個討論方式：這真的是你真心想得到的嗎？而你又願意犧牲多少事情、時間來交換呢？

很多時候，那些我們以為自己想獲得的，並不是打從內心覺得該努力的方向，可能是因為來自父母的期待、社會的眼光等，所以當別人完成這些事情時，我們會認為自己也該獲得。

不用討厭羨慕別人的自己，或許你一直在努力著

還有另一種可能，我們所羨慕的不是事情本身。例如羨慕別人可以出國工作，但其實我們想要的不是「出國工作」這件事，而是希望跟能對方一樣，獲得他人崇拜、獲得掌聲、獲得尊重、獲得高薪資，這些是更深層的欲望。若這才是問題根本，那就更應該想想，除了出國工作的方式，有沒有更適合自己人生的方法可以達成那些欲望。

當你羨慕一個人在特定產業裡工作時，其實背後藏的是對自己的期待，期待找到一個工作環境，讓自己可以發揮熱情、獲得成就感、得到好薪資。

過去在金融業時，其實我過得很不開心，面對金融產品，沒有打從心底的熱情，但我身邊很多人是真心喜歡金融相關的交易和產品，讓我很羨慕眼睛發光的同事們。我看著在工作中的自己，想著是不是自己不夠好，才看不見熱情。直到去年自己開始設計商品、著墨文具、手帳，挾帶著踏實感，屏

除雜訊才發現，那時候不是自己不夠好，而是看似理想的職涯方向，並不是自己熱情所在，所以才會動不動就羨慕其他人，而現在的我已建立起一套理想的模樣，找到內心真正的渴望、安頓自我後，制定計畫就不難了。

之所以會羨慕人，是因為身體本能地希望待在一個安全的環境，而我們所產生的欲望，其實都只是希望自己更好。所以，不用討厭「羨慕別人」的自己，更不需要為這些羨慕，而攻擊自己、詆毀自己，你可以換個方式思考：找出真正羨慕的因素，看看自己的內心是否有個深層的欲望想要讓大腦知道呢？而這樣的欲望、目標，是否有放進人生規畫中？是不是已往這個方向努力？會不會其實自己一直都在努力著，只是跟你現在看到的他人成就方式不一樣而已？

關於職場，我學到了……

找到內心真正的渴望、安頓自我後，制定計畫就不難了。

#內心 #渴望 #安頓 #自我

2 沒有拚盡全力，憑什麼給你機會

常常有同學會跟我說：「我都找不到工作，怎麼辦？」

我：「請問你目前有丟履歷到哪些公司了呢？」

對方：「目前三家，但已經被一家拒絕了。」

我：「在應徵前，你是否有先做好功課、客製化你的履歷呢？」

對方：「沒有耶，就是看到有職缺就先投。」

記得自己當初找實習時，常常一投都是三十家以上，準備要畢業找工作時，我也投了五十封履歷以上，而過程中，不同產業、不同工作，常常都需要客製化履歷，或是根據每個企業的要求，而備上不同的申請履歷、回答相關問題、完成相關的任務與簡報等，才有機會獲得下一階段的機會，有些需要線上測驗，有些則有好多道關卡的面試。

在這邊不是要強調，求職時都要海投，畢竟若是亂投所找到的工作，很可能也不會是自己真正想要的，我想強調的是，你是不是已經先做好功課、嘗試過各種機會了？畢竟，每個機會都得來不易。

「我沒有相關經驗，但我很願意學習。」

過往面試人時，常聽到一句話：「我沒有相關經驗，但我很願意學習。」這句話本身沒什麼問題，有問題的是，從你的履歷或是經驗中，是否表現出你有學習的潛力？

有些人會懷疑，是不是因為企業都很血汗、不願意提供學習環境給員工？所以當自己說出想在工作中學習，便無法受到青睞？

企業不是不願意提供給沒經驗的人學習，很多企業的儲備主管（Management Associate）等職缺，其實都沒有那麼重視特定技能，而是期待具有特定軟實力與特質的新鮮人們前來加入公司，因為他們相信，雇用有潛力的人才可以培養出企業的DNA，而這樣的職缺，往往也開出高於一般市場職缺的薪資，所以吸引了大量的人才應徵。

因此，面對這類型的職缺，大家都會表現出很願意學習的企圖，那重點就回到了「企業是否能在你身上，看到這樣的潛力」這件事情上了，當你的同屆畢業同學，說出「我很願意學習」時，你跟他的差異會是什麼呢？是什麼讓對方相信，你比你的同學更有學習能力且擁有更值得栽培的潛力？

企業在面試人時，會針對履歷上所提供的每個經驗去詢問你的動機，例如，為什麼在那個時間點，你會參加活動A，而非實習B？是否有自學的經驗，或是獨立完成一個大專案的經驗？透過這樣的分享，企業可以觀察你所說的「學習意願」是從過去就開始的行動？還是目前才想到的一套說話術？

找到自己的精神所在與定位

我曾經寫過一篇名為〈不要再說我只是大一、大二學生了！〉的文章，很多同學不解，自己就真的非就讀相關科系，為什麼在面試時不能說？不是不能說，而是說了，並不會幫你的履歷或是你的面試加分，因為你的動機無非就是想告訴面試官：「如果我等等表現差強人意，還請你見諒。」

有些實習的確會要求特定年級，因為需要有一定的專業知識，或是期待有出社會的經驗，但隨著大學的學習更加多元，修課以外還可以透過參與社團的方式學習，更可以參加校外的活動、線上課程等，再加上具有競爭氛圍的環境與產業影響下，你可以很明確知道，年紀不代表什麼，只要有能力，就能被看見、被提拔，只要有心，都有機會學習特定產業的知識與技能。

若這家企業，會因為你的年紀與經驗，篩掉你的資格，那你更不需要強調是否年紀不夠、是否為大一、大二生、只是大學生等，因為面試官不會把你納入考慮範圍內，但當對方願意給你一個機會時，你需要展現的不是先為自己可能表現不好鋪路，而是該積極地表現出你不因年紀受限的能力培養、自我學習的經驗。

在《原子習慣》中有提到，當你想養成一個習慣，首先你要做的不是單純想著要養成哪一項習慣，而是該思考：你想要成為怎樣的人？

在神經語言程式學（NLP）中，有一個應用稱為「從屬等級」，它總共有六層，從下到上依序為：環境、行為、能力、信念與價值、自我認同、靈性精神。每一個問題、每一句話，都有其背後代表的層次，而這也可以應用在我們的習慣養成、目標設定的動機上。

若目標是想成為一個行銷人，當你只在「環境層次」時，你可能會把目標訂立為「在一家行銷公司工作」，但若提升成「行為層次」，你會給自己高一點的期待，像是「每天的工作都可以跟行銷相關，以腦力激盪的方式創造出新活動」，若再往上一個層級，來到了「能力層級」，你會期待自己「具有數據分析能力，寫出膾炙人口文案的能力」，到「信念與價值層次」，你不只針對事情，而開始對自我內在期待，「透過行銷，創造品牌更大的價值」，甚至到了「自我認同層次」，會認為「我是一個行銷人」，到了「靈性精神層次」，除了你以外，還有一群跟你秉持一樣精神的人們，甚至是比你更強的人，但你們是屬於同一個族群，擁護著一樣的信念，例如「創意人們」，不只是特定行銷，而是各種應用行銷的人。

當你找到自己的精神所在與定位，以及自己想要成為的樣子，雖然無法馬上達到自己的理想，但至少有了方向，知道該如何達成。

機會來臨時，你是否已準備好？

回到原本的問題，「我只是大一、大二生」或是「我只是應屆畢業生」「我只是大學生」，當你說出這些話時，會不會就打從心底認為，自己沒有該職缺所需要的特質與能力？

若再以行銷為例子，即使你不是相關科系，即使只是一個大一或是大二學生，但是當你的目標是成為一位行銷人，就可以開始試想，對你而言什麼是重要的？你可能會認為創意很重要，或是數據分析很重要，當你有這些信念後，開始知道需要從哪邊培養能力，可能是透過其他科系的課程修課、找線上課程學習，甚至是直接找打工的機會，或是自己開立一個Instagram帳號，經營個人品牌，透過自學與實際練習來培養相關能力，接下來，你就會在生活中，養成看到好創意的習慣，會分析其相關數據，延伸思考其創意來源是什麼，而此時，你很有可能就會讓自己沉浸在一個有各種行銷知識的環境，開始找同好一起討論，或是找相關前輩詢問問題。

這時候的你，年紀已經不再是個問題了，因為你已經定位了自己，在這樣的情況下，你開始找尋並獲得相關的資源。

再換一個例子，為什麼有些人在實習時就拿到return offer，且還沒畢業就找到工作了？

我曾經在一家資產管理外商公司實習，一開始時，我覺得自己的工作內容很雜，等同於是幫個個同事與主管們跑腿、整理資料、打會議紀錄，在熟悉了一般事務的工作後，我開始觀察同事們在做什麼工作內容，也會主動詢問是不是有我可以幫忙的，或是直接問：「這個工作，我可以協助嗎？我可以參與〇〇〇會議嗎？我可以使用〇〇〇系統嗎？」其實我並沒有什麼祕訣，就只是把自己當成正職、這部門的一分子，積極地融入大家，希望可以在這個部門裡貢獻一些力氣、完成一些正式的企畫，所以在一次次的協助與幫忙下，主管和同事們開始信任我的能力，慢慢地將一些專案交代給我，而我也成了那些專案的負責人。

最後，主管給我 return offer，邀請我在畢業後回公司工作，並強調這份工作本來都不招募新人，都是由業界挖角來的，是個很難得的機會。

後來我開始帶實習生後，更明白為什麼在工作上「把自己當正職，肯願意承擔一些工作責任」是很重要的事情。因為當你把自己當成正職，才能自然而然地成為部門的一員；反之，當你把自己當成打工仔、實習生，你可能就會出現「只要把這件事情做好，交給主管後，就不關我的事，反正我沒多久就要離開，又不是正職，這也不是我真正的工作」的心態，而其他人，也會順著這個思考與行為，把你當成打工或是實習生，也不會特別邀請你成為他們的正式夥伴。

每個機會都得來不易，當它靜悄悄地出現在你身旁時，你是否已經準備好了？找好自己的定位，想好自己要成為怎麼樣的人，接下來，你就會知道該怎麼辦，才會拚盡全力，衝刺到底。

關於職場，我學到了……

找好自己的定位，想好自己要成為怎麼樣的人。

#自己的 #定位

3 請先努力後，再告訴我哪裡感到困惑

還在校讀書時，班上曾有一位同學，記得他總是很喜歡黏著厲害的同學們，不斷問對方問題，但仔細一聽，會發現那些都是他先前早已問過別人的問題，或是對方早已經解答過的題目。

他以為「問問題」就是認真，卻忽略了問完問題後，更重要的是要消化內容。

在學校，會因為這個狀況而感到困擾的就只有成績好的同學，但出社會後，只要你有一定的經驗和能力，一定有機會遇到這樣的人。過往在學校內，大家還願意幫忙解答是因為彼此仍在學習，可以互相協助，但到了職場，每個人都有自己的工作要忙，這樣的狀況真的會讓人感到很困擾。

出社會一段時間後，開始在社群上看到同年齡的朋友們在抱怨自己收到

一些學弟妹們的訊息，覺得不禮貌、不被尊重：

「您好，我有問題想要問你，不知道方便嗎？」

「您好，方便請問您關於〇〇〇的問題嗎？」

「學長（姐）您好。（然後就沒下文了。）」

「您好」是尊敬語，同時也有很深的陌生感，就像是面對家裡的長輩們，我們一定會有稱謂，而不會因為「您好」是尊敬用語，就統稱「您好」，又或是面對老師、公司主管們，只要能夠知道對方的姓氏，從禮貌的角度去考量，就該加上姓氏做為尊稱。

或許有些人會說：「可是我跟對方又不熟，對方是網紅、校友，甚至是在某場講座認識的講者，我們沒有實際聊過天，直稱對方的名稱或名字，不會太唐突嗎？」

當你想向對方請益時，代表你對他有基本的了解，所以再多花點時間與精神，確認對方的姓氏或是稱謂，並不是一件困難的事情。再者，名字對一個人來說，永遠是最悅耳的詞彙，當你稱呼對方的名字，就能拉近彼此的距離，瞬間好感度也會跟著提升不少。同樣的方式，也可以運用在應徵工作上，當人資或是面試主管回信給你時，email下方都有署名，只要稍微留意一下就會看到。

沒有人該為你的不認真負責

還有一種也讓人很感冒的情況：先私訊對方，等對方回應後再提出問題，或是問題的範圍太大、定義不明。與其說不禮貌，倒不如說這是不夠體貼對方的行為比較恰當一些。對方若是一個有能力的人，一定也是個很忙碌的人，所以他會依照每件事情的重要性，決定是否要花時間解決，若你只是私訊他、打聲招呼，沒有同時寫出你的問題，對方或許會認為這就是封垃圾訊息，說不定會覺得你是不是還沒有想清楚自己的問題？若自己都沒有釐清問題，對方就更不願意回答問題了。

我遇過一位同學，他來詢問我對於管理顧問業的想法，我當時先反問他：「那你目前對這個工作有什麼樣的認知和了解呢？」

他回答：「我之前問過一個學姐，只是她講得好淺，都是很基本的產業介紹。」

我接著問：「你那時候問學姐什麼樣的問題呢？」

他回答我：「我問她管顧的工作內容是什麼，但她講的那些我都已經知道了。」

其實聽到這邊，我微微替那一位學妹抱不平（那位同學的學姐是我的學妹），學妹回答的沒有錯，只是這位同學給出一個這麼大範圍的問題，有他自己的假設答題方向，而從那一刻起，我了解了為什麼業界的前輩們，拒絕回答這類型的問題了，因為你無法得知詢問的人的狀況與程度，當你回答得太淺，有可能會被講沒內容；回答得太深，又會被說愛講一些專有名詞，聽不懂。

沒有人有義務回答你的問題，更沒有責任分享資訊給你。

當你有求於對方，卻又不願意先做好功課、查好資料，除非你是付費找老師、上補習班，否則大家都有自己的事情要忙，沒有人該為你的不認真負責。

很多前輩都很願意幫助後輩，但有個前提：你要先幫助自己，也要讓這些前輩們看到你的努力，讓他們知道自己幫助的是一個真心想要向上、學習的人，將時間花在你身上是很有價值的。

不是相關科系畢業的會怎麼樣嗎？

在求職時，也常有類似的狀況發生，我曾經寫過一篇文章〈不要再說你是非本科系了〉，現在很多企業很歡迎也很喜歡非本科系的人才們，因為跨領域的人才常常能為企業、產業添加一些新想法、新創意，所以重點從來就不在於你是否為相關領域畢業的人，而是當你面對職涯方向、夢想時，在資源充足的環境下，你做了哪些準備？

譬如說，近期很多人對行銷職缺感興趣，或許你不是行銷相關背景、科系，但是現在有很多線上課程及講座，同時你也可以自己開立粉絲頁、經營Instagram帳號、Youtube頻道，這些都是你可以實際嘗試與摸索的管道，當你說自己沒有機會時，是真的沒有這樣的資源？還是沒有努力過呢？不過，也有一些人，不是不願意認真努力，而是努力錯方向，誤把手段、工具當成了目標，出現了「偽勤奮」的狀態。

在資訊爆炸的世代下，我們容易出現資訊恐慌、害怕自己的資訊不夠即時，但其實如同《拒看新聞的生活藝術》一書中提到的，新聞看似都很即時、很重要，但大家可以試著回想一個月前，你還記得哪三則重要的新聞？哪些是一定要當下看到才有幫助的？哪些是即使過了一個月，閱讀相關報導都還可以保持一定的資訊量呢？

因為資訊爆炸所導致的焦慮，讓我們開始出現一些對自身的知識含量沒有幫助的行為，例如，當我們對某則貼文按了「收藏」，心中就會安心了一些，似乎收藏就等同於已閱讀，但其實若你沒有花時間好好閱讀那些收藏文章，它們還是不會轉換成我們腦袋裡的知識；我們以為多工的工作（multi-tasking）是為了高效運轉，殊不知在這樣的多元專注力轉換，會使前扣帶迴皮質的神經細胞降低，專注力會隨之降低，也就是工作效率會隨著專注力下降而降低。

找到適合自己的方式，達到真正的目標

現在隨著手機Apps盛行，很多人以為下載越多實用型的程式，就等同於讓生活更有效率，但其實這些人因為資訊的焦慮，導致腦袋難以專注，甚至不斷空著急，幾個小時過去了，才發現自己剛剛都在放空、焦慮，而沒有真正完成一件事或是實際執行一個目標。

工具只會越來越多，每個人需要的工具都不同，與其跟風，使用很酷、很新的工具，倒不如好好找到適合自己的方式，達到我們真正想要達到的目標。

當我們的目標是獲得特定的知識，那就好好針對該領域，找出相關書籍好好閱讀，透過作者的系統整理，也同時讓自己可以在專注當下，真正吸引有效的資訊，進而轉換成成長養分。

關於職場，我學到了……

你要先幫助自己，也要讓這些前輩們看到你的努力。

#幫助 #前輩 #努力

4 我很忙，會不會只是自我催眠？

開始上班後，每天都很忙錄地生活著，自然而然地將「我很忙」變成一個口頭禪。

「我很忙，所以我都無法早點睡。」

「因為很忙，所以下班後我都無法有什麼額外的學習，更不用說進修。」

「我真的很忙，才沒辦法像你們一樣維持運動習慣。」

「我工作很忙，沒辦法接你電話、看你的訊息啦。」

但吊詭的是，常喊「我很忙」的人，總是看到他又追完一季的影集了，也有的人，是每次看到他，都剛好有空在打電動；每次聊天，他都剛好把社群上的各種媒體消息都看完了，再忙都能每天花好幾個小時刷社群。

這是真的忙碌？還是自以為很忙碌？或是希望別人覺得自己很忙碌？

你會把「我很忙」這句話掛在嘴邊嗎？

以心理學角度來看，會把「我很忙」掛在嘴上，很多不是因為事情真的多到做不完，或是真的到了無法改善的地步，而是透過「我很忙」來改善自己的擔憂與恐懼。

「忙」就代表自己被需要、被重視，而達到所需的人際滿足感，透過這樣的方式，就能「肯定」自己。

「我很忙」也可能是一種偽勤奮的象徵。當很忙時，我們會自然而然地把它跟學習成長劃上等號，因為要忙很多事、有很多學習機會，以為這樣的自己就會提高競爭力，未來找工作有保障。

在大學時，我第一次感受到工作最緊湊的時候，是在一間外商管理顧問公司中實習。那時候的工作作息為九點進辦公室，開始開會、討論、找資料、做簡報，幸運一點，晚上十點就可以下班了，但是大部分是凌晨一、兩點，甚至在大型會議的前一天，到凌晨三、四點也是很正常的。

那時候的我，幾乎沒說過「我很忙」，因為所有的精神都放在工作上，所以不會特別想到自己究竟有多忙碌。

回想起那時候，比自己更忙碌的老闆、主管們，他們不太說「我很忙」，例如，如果跟主管約會議時間，即便主管當下再怎麼忙，他不會只回答「我很忙」，而是會簡單地稍微說明一下他目前在做怎樣的工作，並且給出一個明確的時間，擇日再討論。

在這些老闆們的身上看到的不只是工作能力很強，他們在週末也有固定的休閒娛樂。有一位老闆喜歡騎公路車，有一位老闆喜歡玩線上遊戲，而且還是職業選手等級，看著他們在會議中來回穿梭，卻不曾感受到壓迫性的匆忙。

那時候我才認知到一件事情：當你能好好應用時間，每件事情都有其目的與安排，再多的事情，你都不會覺得忙，因為在做每一件事情時，你都是專注在其中，而它們都是很中性的「一件事情」，當你賦予它意義與重要性，你就會想盡辦法完成它，所以當你覺得很忙無法完成一件事情，可能有更深的原因，是因為你不覺得它真的很重要到，需要你排除萬難達成它。

之前分享這樣的概念時，有粉絲留言跟我說：「但是我工作上真的有很多事情，真的很忙啊！」我認為，重點不是事情多寡與緊急度，而是你面對工作與事情時的態度。事情本身是中性的，並沒有好壞、緊急緩慢之分，最多只有一件、兩件、十件、一百件之分，以及完成度之分、做的內容之分，其他就只是每個人賦予它的主觀意義。

INPUT法則

「我很忙」並非禁語，而是不該淪為麻木的口頭禪，嘗試說服別人之外，也催眠自己：因為忙碌，所以焦慮是正常的、生活變差是正常的、口氣不好是正常的，做事只做一半是正常的。

要真正表現你的能力，是當你完成事情後所顯示的專案成績、你的技能應用，而不是一直喊著「好忙」，就會讓你變得很有能力、很厲害。「我很忙」這句話，不會讓你真的進步與成長，只有自己朝向目標前進時，明確知道事情的意義、理想的模樣，這時候每件事情才有其意義。

當你覺得很多事情開始忙起來時，試著把這些待辦事項一一寫出來，不只是訂立目標才需要明確，你在設定工作內容、設定每天的目標與待辦事項時，也要明確。

我自己設計了一個INPUT法則：

Item by item明確列出項目：你確切該完成的工作內容是什麼？如果專案太大，是否可以把它小專案化？讓每個待辦事項都可以精確到完成的目的只有一個。

例如，新接手一個A專案，目標是完成○○○商品開發，看似很明確的專案，但是各自要完成的子目標卻很多，又例如一開始完成設計圖，接下來要確認合作的開發廠商，後續排定行銷流程、通路等，每一件事情，都該被獨立出來成為一件件小專案，方便確認工作細節，同時也可以讓自己不焦急，隨時知道自己的進度。

Numbers可用數字衡量：如何定義完成的程度？有明確的目標嗎？例如完成五通電話、達成三筆成交、完成一份簡報包含五大主題？

Priority優先順序排序：可以根據緊急程度與重要程度、是否攸關其他人的進度與否、營收成本考量等來排定優先順序。

Utilization盤點資源：是否有其他協助？是否有其他更有效的解決方式？

Time-bound時限性：完成的時間？是一個長度？還是一個特定的日期或時間？

透過以上的方式，就讓每件事情，回歸到最中性、最理性的原貌，讓重點放在「如何完成它」。

不必利用「瞎忙」來使自己活得有意義

但如果發現你對忙碌的期待，不是因為事情真的很多，那更應該做的，不是學會時間管理的技巧，而是找出你心中，為什麼需要這麼倚賴「我很忙」？是因為想逃避些什麼？還是想要證明自己什麼？還是還沒想清楚，自己要的是什麼？

最常見的有「想證明自己的被需要」，若有這樣的狀況，可以再進一步思考，自己會不會出現討好型人格的狀況？你的忙碌會不會是建築在別人對你吃豆腐、占便宜？而這樣的付出與忙碌，是不是真的可以幫自己建立起一段好的關係？同時要努力思考的是，如何增加自我肯定、提高自信心，因為當你對自己有一定的自信心，就不需要透過討好的方式建立關係，而是可以更平等的溝通交流。

更多的是「瞎忙」，希望透過很忙來讓自己活得有意義、進步的感覺，但就像是跑步比賽，若你跑的方向不是通往終點線，即使你跑得再快、再努力，你只會離終點越來越遠，所以現階段的你，重點不是在如何讓管理好自己的時間、使自己不忙碌，而是重新釐清通往終點的方向在哪邊？理想的自己又是什麼樣子？忙碌不會讓你真的進步，只有用對方式、學習到對的技能、累積到相關的經驗，那才是真的有機會成長。

關於職場，我學到了……

當你對自己有一定的自信心，就不需要透過討好的方式建立關係。

#自信心 #討好 #關係

5 你追求一堆頭銜，然後呢？

甫畢業沒多久，受邀回學校分享時，肩背包裡放的是外商工作時的名片，記得那時候演講結束，總是會有很多學弟妹和其他與會的講者們過來跟我要名片；創業一年左右，再次受邀回到學校分享，結束時，現場都沒有人來跟我要名片，這是過去從來沒有過的經驗。本來就沒有應該，只是有點落寞。

以前大家會稱呼的「神人」「崇拜的學姐」原來不是因為我是誰、我的能力如何、我分享的內容如何，而是因為我名片上那個企業的名稱。

後來我試問自己，拿掉所有職稱、所有經驗的我，到底是誰呢？還會有人懂得欣賞嗎？還會有人認為我是有能力的嗎？

複雜的名片與簡潔的名片

大學時，曾經有過一個疑問，為什麼有些學長姐的名片，乾淨簡單，有些學長姐的名片上，則有滿滿的職稱，不同領域、不同單位，例如〇〇〇基金會的總幹事、〇〇〇公司的創辦人等，那時候看到這樣的名片，也有過一個念頭：「哇！這前輩好厲害呀！」

當你與名片上越複雜的人說話時，就越容易發現內容沒有什麼深度，對話過程中，也會不斷透過人脈來表現他的價值與高度，每講幾句話就會出現一句：「這個我可以幫你，〇〇〇是我的好朋友，我打通電話給他。」或是「這個我可以幫忙喔，我朋友〇〇〇就是這個領域的知名企業董事。」

創業初期都會覺得很興奮，這位學長（姐）也太厲害了吧，認識好多人！後來才發現，有些人只是炫耀，不是真心想幫忙，後續往往都會不見人影，還有一些人，明明跟對方沒有他自己所說的熟稔，很多都只是在同一個餐會或是讀書會有個一面之緣。

因為有這樣的經驗，我更體會出：寫越多稱號的名片，只能代表他注重名稱、注重標籤，跟能力並沒有正相關。後來我發現那些能力越強、在產業界越有影響力的人，名片就越是簡潔，因為他們從不需要名片來證明自己的能力。

不管是名片上的稱號，還是這社會上的各種標籤，其重點就是方便人們第一次見面時，可以快速了解對方的狀態，例如從事哪個產業、哪個工作內容，尤其當你剛進社會沒多久，或是剛進這個產業沒多久，很多人還不認識你時，才需要這樣介紹，但是當你已經在一個領域待久了，已經不太在意名號、職稱，反而會更專注在自己的熱情與夢想上。再者，有能力的人早就闖出一些名號，在業界早有耳聞，完全不需要多此一舉地強調。

如果自己在某個產業很久，仍倚仗這些職稱，那會不會是一種警訊？不想進步、只想仰賴過去與那些大品牌合作的經驗？在這些職稱與自我介紹中，又有多久沒有改變了？

拿掉職稱，也等同於拿掉他人的眼光

我在二〇一九年的九月開始經營Instagram「涵寶寶」，在這個帳號裡，我沒有寫下任何學經歷，只寫了一句「來一杯加了苦味的職場濃湯」，因為我想要挑戰自己，當我拿掉所有名片上的職稱、過去的企業品牌經驗，還有多少人會被我的文字分享所吸引？多少人會認同我的專業？

在這樣的自我挑戰經驗中，讓我第一次感受到「踏實」，真心為自己歡呼，真心喜歡自己。

拿掉這些職稱，也等同於拿掉別人對我的眼光，拿掉了一堆長輩、學校給我的光環。沒了枷鎖，重新面對自己的內心，不再是這社會期待我應該給予的，或是父母眼裡所期待的，而是我能賦予自己真正的價值，給自己十足的安全感。

這樣的經驗下，我後來到了一個新環境，會避開自己過往的經驗，也不太分享目前的工作內容，因為每個新環境，都是對自我的小測試，看看在這段過程中，是否有累積新知識、新能力，讓對方可以感受到我的熱情。

不管是畢業的學校名，或是名片上任職公司的品牌名、職稱，都能讓我們馬上感受到光環，但也同時容易讓我們上癮，一不小心就會產生想投機的心態，因為當這些名稱和標籤都有了，哪還需要成長呢？

公司可能會倒，名片上的品牌名，可能瞬間沒有價值，也許後來到一個新的領域，裡面的人對於那些大品牌完全沒有概念，又或是來到了國外，在國內那些響叮噹的名字，瞬間沒了感覺。

名片上的職稱，都只是暫時的，只有你的能力與累積的特質，才是會一直跟著你的。

從另一個角度來看「頭銜追求者」，可能就是「冒牌者症候群」的狀況。

擺脫冒牌者症候群

冒牌者症候群（Imposter Syndrome）指的是成功人士們，對別人崇拜自己的眼光感到不自在，認為都是因為對方不知道真實的自己，也覺得只是因為自己運氣好才獲得的。這樣的狀況最常出現在女性、亞洲人，主要是因為他們在一開始就被下了「心錨」，過往數據、經驗指出他們不可能成功，因此當他們後來獲得成就時，心中的聲音會告訴自己：「不可能的，你只是剛好運氣好，沒被其他人戳破罷了。」

而這樣的人會更加認真、努力，他們認為勤奮才能讓自己對得起成功，但也因為這樣的努力，等達到目標後，他們又會告訴自己：「你不是因為能力與聰明，只是因為比別人多花時間、比別人勤奮才獲得這樣的成就，你在那一群厲害的成功者身旁，什麼都不是。」落入了一個自我詆毀，又重新非常努力的迴圈中。

回到頭銜這件事情，有些人獲得一些頭銜後，仍然會覺得自己不夠，需要更多的頭銜才能讓其他人覺得自己是真的厲害，所以又更努力爭取其他頭銜、職稱，來讓自己感到一會兒的踏實。

面對冒牌者症候群的狀態，其實不是需要更多的成就、頭銜，而是可以真的接納與認可自己，記錄自己每次所達成的目標、認可每次的努力，同時也了解其他人的成功，都有自己一樣的元素，有人脈、有魅力、靠努力，這些都是成功的方式之一，也是一種能力與特質，當初別人下的心錨、看不起的那些話，都只是刻板印象，若照著他人所期待的成功道路走，那你也只會成為第二個對方，而非更好的自己。

即使那些你所崇拜的人們，有很高的成就，讓你覺得他們如此完美，在他們面前自己是如此不堪，但仔細想想，你這些崇拜又是根據什麼呢？你真的了解對方生活中的所有一切？對方真的完全沒有缺點？我們經常選擇性地觀賞別人最美好的那一面，卻一直專注在自己最沒有自信的那一面。

我們不用對自己很有自信，只要能接納和肯定自己，允許自己有一些缺點，偶爾承接自己的無助失望，畢竟，不完美才是常態，你才是自己最好的朋友。

當我們能夠肯定自己，才有機會有自信，才有機會為自己的目標與成就感到踏實。

拿掉名片後，你還愛自己嗎？還能認同自己嗎？

試著到一個新環境，不拿出名片，單純用對話、用氣勢、用內容，讓對方感受到你的魅力吧！

關於職場，我學到了……

不完美才是常態，你才是自己最好的朋友。

#不完美 #常態

6 工作可以沒有熱情，但一定要有目的

我還記得，大學某堂課的老師都會跟我們說：「工作，一定要有熱情，找到自己有熱情的工作。」「每天叫醒你的，不應該是鬧鐘，而是你的熱情。」

所以在大學期間，我開始很認真地找尋屬於我的「熱情」。

後來的我做了幾份工作，都會在這當中認為自己是充滿熱情的，但同時也不是那麼有熱情，因為在工作時，還是會遇到太多不如意的事，偶爾還是會有滿滿的鬱悶、抱怨，讓我不禁想：這真的是我熱情所在嗎？是不是找錯工作了？我當初以為的熱情，難不成只是「粉紅泡泡」？

或許我們需要思考的是：「到底什麼是熱情？」

若你對某個領域想了解更多、想學習更多，那只能說，你對這個領域有

興趣，但不代表你對這個領域有「熱情」，因為當你有熱情，不能只是單方向學習與獲得，而是開始「產出」與「付出」，同時更有機會產生心流的狀態：高效率、創造力高，忘記時間與飢餓。

熱情的產生是針對特定事項，但偏偏工作本身有太多的面向，就以行銷為例，我喜歡行銷的數據分析與創意思考，但是除了這兩個工作內容外，常常也需要伴隨著聯絡廠商、製作進度報告、確認相關素材、預算規畫等事務，這也是為什麼有些人會認為自己對工作已經沒了熱情，因為被瑣碎的事情給消弭了，要準備換工作了。

大部分的人遇到這樣的狀況，最直覺的反應會說：「我對工作沒熱情了，怎麼辦？」

我認為，對工作有熱情不代表要對「所有的工作內容」有熱情，對部分內容有熱情，那也算數，抑或是在處理特定的工作項目，能有成就感與熱情，那麼這份工作就已經算是你的熱情所在了。

畢竟當一件事情被稱之為「工作」時，代表必定有其重複性質，會有一定的壓力與時間限制，即使是網紅、Youtuber、自行創作者等外界所羨慕的自由工作者，當他需要收入、需要把原有的拍片興趣當工作時，勢必也會遇到讓自己不開心的事情，例如要跟廠商催款、需要溝通創作概念、腳本一改再改等。

先列出目標和理想的模樣吧！

之前有位粉絲也是有類似的困擾，以下先稱呼他為「潔」。

潔：「我在證券商工作，雖然喜歡現在的職業，但在這個產業我找不到熱情，也常常因為競業的削價競爭，認真花心思培養的客戶卻跑了，讓自己很受傷，怎麼辦？」

我：「你可以明確列出喜歡的工作內容有哪些嗎？」

潔：「一，我喜歡幫客戶解決問題，當他向我道謝的當下，以及本來不知道的事情，我靠一己之力找到解答，都能讓我獲得成就感。二，面對多元的商品，讓我每天都會遇到不一樣的事情，查看新資料。三，時間很自由，可以自行安排時間，設計要給客戶看的內容。四，陌生開發客戶，雖然會很緊張，但是成功後，有種突破自己的開心感。五，喜歡看盤研究商品，雖然只是發現一個小特點也會很開心。」

我：「那如果我們認真研究一下每一天、每一週，喜歡的工作所花費的時間，比起不開心或受傷的時間，哪一個比較長？」

潔：「喜歡的時間比較長。」

我：「那你可以分享，你在業界中，看到那些很有熱情的前輩，你為什麼會覺得他很有熱情？」

潔：「他們對交易對商品都很有興趣，自己的下單量大且穩定獲利、喜歡接觸人與人交朋友。」

我：「這些元素，看起來不一定要在券商才能感受到，而獲利的多寡，則是市場變動的結果，屬於我們無法改變的項目，在這邊就不特別討論；再加上，你也對商品有興趣，雖然個性偏內向，但還是很喜歡跟比較熟的客戶互動，不是完全排斥與人溝通。會不會其實只是你『以為』自己沒熱情？

只是一時被負面的情緒給蒙蔽？我們接下來可以想想，過去的經驗裡，有沒有體驗過真正讓你產生熱情的工作？或是有什麼樣的經驗，讓你感受到真實的『熱情』？以至於你在目前的工作上，沒有相同感受，所以覺得自己對這份工作沒有熱情？」

潔：「我過往沒有這樣的經驗，所以我若列出可能有熱忱的工作，可能還是會跟實際工作有所差距。」

我：「若我們現在先不考慮熱情與否，先來列出自己的目標與理想的模樣，然後請潔過一週後再跟我分享目前的工作，是否符合你的理想，有哪些事情還沒達到理想，但是自己是有能力與機會去爭取改善的。」

一週後，潔回報說他的情緒好多了，也把之前懶散不想做的一些工作，都完成了。

工作沒有熱情沒有關係，把目的弄清楚比較重要

學校的老師或是市面上有太多書籍、文章，跟大家說工作需要熱情，

但卻沒有說熱情的模樣，所以很多人一直找尋著自己「想像中的熱情」。再者，會公開分享「熱情」的人，只分享了他部分的生活，當我們聽著他分享的美好之處，就會不自覺認為所有的生活、工作內容都應該長那樣，導致我們一直以來都在追求他們分享的「美好熱情的模樣」。

我們要找到「讓自己發揮熱情的工作」，前提是要先真的體會過何謂「熱情」，而不只是興趣而已。

例如，很多人的興趣是打籃球，週末找朋友打打球很快樂，但是當「打籃球」變成工作、職業後，你需要每天練習超過八小時，你需要特定的飲食，會有教練指點打法，不能再是隨心所欲，想要怎麼打就怎麼打，這時候的你，還會喜歡打籃球嗎？若是，那恭喜你，至少找到了「熱情」的感受。

這時候你只要比對著，面對不同的工作內容、項目，讓你產生一樣的心流、熱情時，那它可能就是適合你的工作了！

若過去的你，從來沒有感受過熱情，那也沒關係，畢業後到現在，從不同的產業、不同的企業，看過不同的傑出前輩們，老實說，我真心認為：工作沒有熱情沒關係，重點是，要清楚你的目的！

每個人看待工作的意義不一樣，每個人都有自己的一套工作觀，同時也跟自身的人生觀息息相關。有些人認為工作是為了賺錢，賺很多錢是他的人生目標，所以當一份工作可以累積到很多財富，他工作起來就會超有動力，當我在金融業時，身旁確實有許多這樣的同事們；有些人希望透過工作來提高自己的社會價值，因為他在意的是名譽與地位，進到全球品牌的公司，寫在臉書上或是Linkedin上，獲得學弟妹們的崇拜時，是他最快樂的時刻，所以他會收集各種不同企業品牌，用策略性轉職、跳槽，打造自己的豐富職涯。

這些人很清楚自己的熱情所在，追求名譽、追求財富，這就是他的熱情之處，否則因為喜歡看著數據分析而進金融業，其實不一定要留在金融業，行銷和業務也有這樣的工作需求，但往往他們離不開這個產業，正是因為高薪資。

大學畢業十年，觀察當初身邊的朋友們在找工作時，他們知道自己喜歡的工作內容有哪些，但是等到真正要轉職、選哪個offer時，就會很清楚發現，是否為大公司、是否有全球發展的機會、是否有機會幫助自己申請到MBA，這些考量都會瞬間變得明確，因為不單單只是為了熱情，更為了自己的職涯，甚至是為了未來的社會地位。

這樣的目的，沒有不好，但為什麼後來還是有人後悔了？不是因為工作沒了熱情，而是他開始看不懂自己想要的是什麼，或是說，他想要的太多了。

你要負責的，是內心的自己

我在前一章提過，在管理顧問業時認識了一位很厲害的朋友，後來他到私募股權基金投資公司工作，有天他跟我說，他每天都必須要一直看著excel表、做財務模型、設定參數等分析，因為工作的變動性高，市場一有狀況，就要馬上工作，所以導致他的感情一直沒有很穩定，所以很希望有段穩定的感情。

後來我問他：「那你換個工作不就好了？你能力那麼好，有很多策略分析的工作等著你啊，那些工作時間不是都滿穩定的嗎？」

他說：「可是那些工作無法提供我現在的薪資啊，我薪資降低，就無法像現在這樣，隨時出國度假了，經濟上會有些壓力。」

這時候，我就不再多建議了，因為，其實他只是想要抱怨而已，他很清楚自己要的是什麼，他很喜歡自己的工作，賺錢帶給他一種工作的熱情。只是，身邊的人不這樣認為，導致內心還是有個小聲音，告訴他，這世俗理想中，他的人生應該也要朝著那個模樣前進。

每個人要的不一樣，痛苦與迷惘的來源常常是因為「我以為我想要的」跟「真正內心想要的」不同，回過頭你仍需要跟自己的內心對話，你真正想要的是賺很多錢、提高社會地位、父母的認同、朋友間的崇拜等，都沒關係，因為真正的欲望，只要自己知道就好了，不需要昭告天下。

你要面對的、要負責的，不是其他人，而是你內心的自己。

當你可以無條件接納自己，認可自己做每件事情的目的，那就是最大的動力與熱情來源了。

關於職場，我學到了……

你要面對的、要負責的，不是其他人，而是你內心的自己。

#面對 #負責 #內心的自己

Lesson 3

請把認真，用在對的人身上

— 關於情感 —

1 我們一定要樂觀、正面思考嗎？

每當我們有負面思考時，身邊總會有人會告訴你：「開心一點嘛！打起精神來啊！」難道一定要保持樂觀才叫做「過生活」嗎？好像「感到不開心」是件醜陋的事，不能被別人看見，必須藏好。

或許從來就沒有「正常」與「病態」的定義

我們身邊一定都有那種很喜歡鼓勵別人，要大家想開一點、樂觀一點、思考正向一點，但是一旦處於負面的情況下，越提醒自己要正向、樂觀，就越容易因為壓力變得更負面、更走不出來。

《我們時代的病態人格》書中就分享了這個狀態，因為資訊流通的關係，讓我們心中有許多矛盾產生，努力追求「正常的情緒」，卻產生了更多的矛盾反應，為了遏止焦慮，反而因此更加焦慮。

但，到底什麼是病態？什麼是正常？書中提到：最常見文化中的矛盾與衝突，造就了現今的精神疾病：

一，競爭成功vs.友愛謙讓

二，各種需要vs.滿足需要所遭遇的挫折

三，個人自由vs.個人局限

在情緒中，或許從來就沒有「正常」與「病態」的定義，或是說在不同的文化底下，只要一個心態無限上綱或是走到偏激，那就是一種病態。

我們都追求愛，但是為了被愛而不擇手段，就是一種病態；我們都想要成功，但是為了成功、名譽而患得患失，就是一種病態；我們都期待被認可，倘若完全依賴外在認可、不能自我判斷，那就是一種病態；在面對問題時，正向思考會是一種很好的心態，但是若為了正向思考而感到壓力、不斷批評自己，那就是一種病態。

所謂情緒管理，並不是不能產生任何情緒

情緒管理不是不能產生任何情緒，而是學會如何降低情緒最高與最低點的幅度；面對問題，不是要你全面性地正向思考而忽略實際狀況，一點負面因子都不能有，而是在自己可以控制、接受的狀態下，降低因為外在狀況的高低起伏，而影響了自己的心情。

就像電影《腦筋急轉彎》（Inside Out）中，每個角色代表著我們的情緒，樂樂代表著快樂，憂憂代表悲傷，怒怒是生氣，驚驚是害怕，厭厭是厭惡。

故事中，大腦是由樂樂所主導，所以主人萊莉長大的過程中，是很樂觀開朗的，而在這五個角色間，憂憂最不受歡迎，甚至連憂憂本人都不喜歡自己，覺得她在大腦中是最多餘的角色。在一次的意外中，樂樂跟憂憂被拋出大腦，來到大腦的記憶垃圾場，開啟了一段重回大腦的旅程。

因為這個旅程，樂樂發現了憂憂的好處。她發現，雖然主人萊莉表面很開朗，但其實有時候是壓抑自己裝出來的，而憂憂的好處就是讓萊莉可以適

度宣洩難過、抒發情緒，透過這樣的表達，才有機會讓其他人注意到萊莉的不開心，並可以適度地伸出援手，也才有機會讓萊莉把自己的不開心跟爸媽講開，使溝通順暢，不再因為一個疙瘩而讓生活只剩下厭惡與生氣。

每個情緒都是重要的，樂樂的正面很重要，但憂憂的情緒釋放，偶爾流個淚宣洩一下也很重要。

有時候太過正面，反撲的力量反而更大，久了甚至還會生病，無根據的樂觀會使你更挫敗，造成情緒耗竭。因為遇到問題時，若毫無依據地相信可以順利解決，一旦事與願違，可能會更悔不當初，甚至可能開始討厭「正面思考的自己」，全盤否認正面思考方式。

或許我們最重要的課題是定義何謂「正面思考」。

什麼是正面思考？

正面思考是相信每件事情都有理性分析的可能，當有可能被理性分析、有機會解決，就表示它有可以解決與執行的方式，但同時也需要考量現實環境，所以不會莫名其妙、奇蹟般達成，而這個解法可能不完美也可能有點辛苦。

例如，當你遇到一個很糟糕的朋友，若是假性的正面，就會變相催眠自己「一切都會變好的」，似乎只要這樣思考，就能將狀況變成你所要的理想樣子。但真正的正面思考應該是面對它，且分析與定義「糟糕」的狀況為何、確切導致自己不舒服的行為是什麼，若是可改變的狀況，說不定跟對方溝通後就有機會改善；若真的無法改善，那為什麼還要逼自己一定要跟對方「交朋友」呢？

再舉個例子，當你遇到很會情緒勒索的父母，假性的正面思考，就是不斷告訴自己「天下無不是的父母」「爸媽老了就會自己改善了」「一切都會慢慢變好的」……但是從來沒有付出行動改變這個狀況，期待他們可以發現你的不開心與難受，長大後發現，一切都沒有改變，仍在痛苦的輪迴中。真正且實際的「正面思考」，是了解父母的狀況，分析是否有機會溝通或一起找家庭諮商，若無法，那就設定好自己的底線與界線，想辦法遠離這樣的狀況，降低不開心發生的頻率，確保自己的好心情。

當你只是一昧地催眠自己「一切會變好」，被過往含糊不清的雞湯束縛著，例如「努力就會成功」「天下無不是的父母」等等，而日子一天一天地過去，你會發現這樣的信念，並沒有使狀況好轉，這時你就會開始懷疑自己「保持正面思考」的意義。

當開始懷疑、產生負面思考時，那種負面情緒是一湧而上的，因為你已經累積好久的挫敗，而這時候終於找到一個似是而非的答案，於是你會開始說服自己：「對！沒錯！就是這樣！正面思考都是假的！都是沒用的！」

你不再樂觀、不再想辦法解決問題、不再相信生活是美好的，你不認為人生有改善的一天，因為你更相信正面思考都是騙人的，所以極致地展現：「盡情地負面思考吧！既然正面思考不能解決事情，那我何不擺爛？還來得輕鬆多了！」

人生還是要正面思考，但請適度就好。

要相信每個來自內心的聲音

遇到問題時，理性分析、找出可以解決的方式，但同時也先想好最壞的可能，而面對最壞的狀況，可以先思考其對應方式，降低得失心，才有機會好好發揮自己的實力，不用急著跟自己說「一切都會變好」，可以試著拆解它、分析它，找出可能的解法。

當你願意嘗試解決問題，才有機會找到解藥，一旦找到可能的解藥，也就代表自己又比昨天更前進一點了。

每個大成功，都是由很多小成就所累積而成的，就像身材很好的人，也不是一天養成的，就因為有這樣的小成就，才能推動自己前進。我們該學習的不只是找到目標的方向、記住終點的快樂，而是有意識地發現身邊的每個小成就。

很多偉人的自傳中，總會寫一開始的自己有多麼失敗，才能襯托出後來的成功與勵志，但是仔細觀察，他身邊一定有些小成就支持著他們，可能是鼓勵自己的父母或國小老師，或是曾經在一個小比賽中得名，或是陌生人的一句稱讚與鼓勵。

要相信每個來自心中的聲音，動機都是為了自己好，只是立場與角度不同。即使讓你產生害怕、焦慮的情緒，但其實這都是大腦為了讓我們避免危險，所產生最自然的反應，而非理性思考後的決定，例如摸到很燙的東西，當意會過來時，我們早已經把手抽開了。

這就像小時候看卡通，一個人在思考時，會出現小天使與小惡魔，他們有各自的立場與建議，其實若拿掉「天使」與「惡魔」的角色設定，把它想成是內心的「好朋友A與好朋友B」的對話，或許就比較容易理解了，不同的好朋友，有不同的特質，所以有不一樣的建議。

若心中的好朋友A，容易出聲制止我們跳脫舒適圈，主要是因為A擔心面對陌生的環境，無法控制的因素多，受傷的可能性就會提高，所以與其遇到問題再解決，好友A就會開始說服我們不要前進，但同時好友B卻認為要有遠見，每件事情都要做好最理想的準備，他擔心的是未來，因此說服我們要前進，唯有這樣，才有機會掌握未來的幸福。

好友A與好友B都是為了我們好，只是立基點不同，思考方式不同罷了。

不完美才是常態，允許偶爾對自己失望

我們不用遏止心中的聲音，只需要試著理解它們各自出於什麼樣的觀點，以及基於什麼樣的深層動機，才會提出這樣的建議，如此一來，才有機會溝通，進而想出可能的解決方式，也讓它們知道你接下來的決定，都有把它們的擔憂思考進去。

你相信它們是為了自己好，同時也希望它們相信接下來的分析與決定，一起支持自己，根據決定走下去。

我們，都是自己最好的朋友，彼此支持，也需要先相信彼此；傷害我們的，常常是我們喜歡的人，但能給予力量的，都是我們相信的聲音，並能夠真正鼓舞自己。

你都能接受伴侶的小缺點、朋友的抱怨、家人的悲傷，為什麼不能寬恕

自己一點呢？
不完美才是常態，接受自己有不足的地方，允許偶爾對自己失望。
我們才是自己最好的朋友。

關於情感，我學到了……
人生還是要正面思考，但請適度就好。
#正面 #思考 #適度

2 沒有朋友很難受，但假裝的友情不會更好過

人類本來就是群居動物，所以我們很習慣在意別人的想法與看法，也會習慣性地去融入一個群體。

小時候，我們聽不懂什麼叫做「好朋友不多，只要有一、兩個懂你的就夠了」這句話，總希望在班上能有一群朋友，班上交不夠，還要到隔壁班去交流，甚至如果有學長姐是自己的朋友，那就再好不過了！

所以我們不只想要有朋友，還期待著有很多朋友，不管是為了人脈、為了利益，或是為了當自己遇到困難時，有人可以哭訴，也因此，有很多朋友的人，會被正面地稱之為「人氣王」，沒有朋友的，就會被稱為「邊緣人」等偏負面的詞。

我也曾經想在朋友圈當中，找到歸屬感，也很期待擁有很多朋友，因為

我不想要被排擠，不想變成很突兀的人，還要被別人形容得很孤僻，所以努力加入一個又一個團體。

但是，當你的友情，需要你的一昧討好才能維持，那些人，真的還稱得上是朋友嗎？

我們想要被需要、被喜歡，這是人之常情，因為歸屬感，可以幫助自己建立自信，但是為了這樣的「被喜歡、被需要」，你要偽裝自己、配合對方的需求、壓低姿態、討好對方，因此變成了一個沒了自我的人，漸漸地，你開始討厭自己、懷疑自己，那麼，你還需要這樣的「歸屬感」嗎？

我們對自己的方式，常常也是別人會對我們的方式，因為大家會「有樣學樣」，所以當我們為了其他人，可以不顧自己，別人也會看在眼中，對你也不再尊重。

「有毒」的朋友

你是否遇過一種朋友，你跟他感覺聊了好久，卻發現自己一點都不了解他，因為他會一直問關於你的個人問題，但是面對你問他的問題，他總像個政治人物般拐彎抹角，沒有正面回答，導致聊了好久，你還是對他一無所知，甚至有種自己被掏空的感覺，似乎進行了一場好幾個小時的訪談。

你是否遇過一種朋友，他聽到你的成功，第一句話不是恭喜你，而是說：「好好喔，你的運氣就是比較好，家裡給的資源就是比較多，你就是比較有手段、比較會講話。」也就是，他不是真心為你感到開心，甚至會認為你的成功和收穫，都只是別人的功勞，他看不到你的努力，甚至嫉妒起你，因為他不喜歡你過得比他還要好。

你是否遇過一種朋友，你跟他聊天時，他總是簡單地回答：「是喔！」「你想太多了啦！」然後話鋒一轉，開始講自己想講的內容，也就是說，他不想聽你的分享，他只想講他想講的，聚會結束後，發現自己比聚餐前更悶了，可能是接收了對方很多的負面情緒，或是壓抑了自己本來的負面情緒，完全無法抒發。

你是否遇過一種朋友，他經常不經意地批評你，而聽著聽著，你也跟著討厭起自己，覺得自己很差勁，甚至不小心耳聞這位朋友時常在你背後，說你的不是，當有人在講你壞話時，這個朋友從來不會跳出來幫你說話，甚至還會附和對方。

你是否遇過一種朋友，他評論你的各種行為和反應，甚至嫉妒你的上進，嘲諷你的努力，每次跟他見面聊天後，都更加懷疑自己的價值。

你是否遇過一種朋友，他希望能綁住你，不希望你跟其他人有互動，他很喜歡畫圈圈，好圈住你跟他，讓你相信，圈圈外的世界很糟、很可怕，讓你離不開他，也無法追求自己的理想、讓自己進步。

你是否遇過一種朋友，他總是讓你感到罪惡感，讓你感覺自己永遠欠他一份情，然後要求你做一些事情，像是：「我對你那麼好，你怎麼可以不來參加我的生日派對？」「我們不是姐妹（兄弟）嗎？你怎麼可以不出來一起吃頓飯？」

當你有遇到以上任一狀況，那你的朋友可能是「有毒」的！

當你身邊都是這種具有「毒性」的朋友，你可能也會被影響，於是開始討厭自己、沒自信，這時候，能夠成為你真正朋友的人也不敢靠近你，因此陷在這些壞朋友的泥沼中。

我們都需要「歸屬感」

在大學時，我曾經很擔心被稱為「怪胎」，因為我的個性比較獨來獨往，去修想上的德文課、去應徵想要的實習、加入我想參加的社團與活動，我有點羨慕其他人有「姐妹」的感覺，所以一次因緣際會下，加入了一個由幾位女生組成的小聚會，瞬間覺得：「這就是我嚮往的『閨密感』！我也有閨密了！」

只是每次聚餐後，內心都會莫名地悶，因為有一個人，很喜歡批評我所做的事情，他認為努力應徵實習太汲汲營營，覺得我的成功都只是因為我很幸運，所以我也開始懷疑起自己，並覺得能擁有現在的一切是一種罪惡。

後來遇到幾位共同朋友提點，我才知道原來這位閨密一直對其他人說我的壞話，說我有多麼世俗，甚至把我曾說過的心裡話、祕密，講給其他人知道。

但其實當下我很「鐵齒」，不相信這些人說的話，選擇相信我的閨密。後來，在她的一些重要場合，我都是被「遺忘」的角色，那時我才開始意會到，原來我只是對方「口中的閨密」，但不是真心邀請到「人生中的閨密」。當下真的很難過，後來我選擇消失，斷捨離這樣的友情。

離開後，我開始更專注於想做的事情，內心負面的聲音降低了，在自己熱愛的場域認識更多真誠的人，找到了「歸屬感」。

我們都需要歸屬感，但是真的不需要「虛假的朋友」，朋友的影響很大，正面的影響是如此，負面的影響更是如此！

勇敢地斷捨離錯的友情吧！

記得當初看《歌喉讚3》（Pitch Perfect 3）時，最後一個橋段讓我很感動。當DJ卡力邀請貝卡加入自己的唱片公司，而非整個合唱團時，當下貝拉選擇拒絕，因為她認為，「只有自己加入」這件事是對好友、家人的一種背叛，後來當大家知道這件事情時，說了一句話：「家人的存在，是為了扶持彼此繼續向前、追尋幸福，而不是拖住對方。」

這邊的家人，其實就是他們這一群好朋友們，所以不管是家人也好、好友也好，一群彼此信任的人，不就是會為對方的成就、夢想達成而開心的嗎？

當你徬徨無措時，他無條件地支持你。即使久久才聯絡一次，只要想起他，你就會覺得沒那麼孤獨。他會在你背負沉重壓力的時候陪你到深夜，天一亮你又能充滿力量地繼續向前走。

「嫉妒」這個詞是給敵人、對手用的，若朋友也跟著嫉妒自己，那朋友跟敵人的差異又是什麼呢？差在有沒有美好的話語包裝嗎？

人生已經夠難了，不需要把這種人請進來。

發現錯的人、錯的朋友，就勇敢斷捨離吧！不用不好意思，因為不再是朋友後，你就會發現，心裡真正的距離，會一一呈現在你物理的距離，他會比想像中更快地從你的生活圈裡消失，因為，單方面維繫關係很累，而切斷後就真的會斷得很徹底，或許是因為這樣的友情是強求而來的，你們從來都不在同一個世界裡。

關於情感，我學到了……

我們都需要歸屬感，但是真的不需要「虛假的朋友」。

#歸屬感 #虛假的 #朋友

3 陪你笑的人很多，但陪你哭的人很少

我們一生中會遇到很多人，但是又有多少人，是真的可以走到自己心中、真正可以談心的朋友呢？這樣的朋友，往往都會在你人生最困難時更能呈現。

我想，友情跟愛情一樣，「好」的定義沒有唯一的標準，但最容易判斷的就是，跟這個人相處在一起時，你會覺得很心安，當你把所有難過的事告訴他，會有種放下心中大石頭的感覺，當他有困難時，你也是他第一個訴苦的對象。你有這樣的朋友嗎？

當我們意氣風發時，不管本性是個怎樣的人，對別人而言，就是個有利可圖的人，也許是為了你的名氣、財富、影響力，在那個當下的我們，自然而然結交到好多朋友，有些認識還不到一個月就開始稱兄道弟；而在你低潮

期，不順利的時候，又有多少朋友，留下來陪你說說話呢？

你是否有個隨時都願意聽你分享心情的朋友？

有些成就，我們不需要擔心要跟誰炫耀，在社群上，只要是考到證照、考到好大學、研究所放榜、交往、結婚、生了小孩、拿到很好的offer、升職，哪怕只是一張照片，沒有任何一句話，也會瞬間出現好多好多的讚，好多人說著「以你為傲、你好棒」，甚至這些留言的人，你都快忘記他的長相、忘記他是誰，換言之，開心的事情，真的不怕沒有人願意聽你分享，先不論對方的動機與用意是什麼。

但是，當你難過、崩潰到哭的時候，通訊錄裡是否有名單？能讓你可以打通電話、發個訊息，即使自己再難堪，哭得像小孩，都願意聽你說的人？

我曾經以為我有這樣的名單，後來的感受是：我沒有，我以為的名單，都是我在有所成就時，才能聯絡、聊聊小事的人們，而不是真正可以分享心裡話的人，更不是願意陪我一起走過失敗的人。

因為在我最挫敗的時候，我聯絡了那些我以為是好朋友的人們，我收到的回應是：

「我很想跟妳聊，但我最近很忙，再找時間再打給妳喔！」

「我跟妳說，要想開一點，不要管別人怎麼看，妳不要再哭了，哭了不會解決事情。」

「妳怎麼都這麼負面，我心情也被妳弄得好差。」

「事情就是這樣啊，妳就這樣解決就好啦！」

「別哭啦，我們去唱歌吧！」

老實說，現在往回看，這些反應其實很正常，畢竟大家喜歡趨近開心的事情，為了保護自己，會遠離負面，誰都沒有責任要幫你解決事情、承接你的負面情緒。

我不會恨這些人，只是讓我意會到：人在意氣風發時，每個人都可以是你的朋友，就像是有錢時，每個人都可以很善良。不需要鄙視和厭惡，只是要學會認清這樣的反應、懂得看人，不能聽他說的，要看他做的。

兩個人相處的時候，難過除以二

曾經有位朋友，我一度以為他就是那個好朋友，他會對我說好多好溫柔的話，像是「妳從以前開始就是這麼愛逞強，要多休息。」當下會覺得對方好懂自己，但後來話鋒一轉「我等一下有事情，就不能陪妳了，妳一定要好好的喔！要好好照顧好自己喔！」真正需要陪伴、好好聊天時，他永遠都有事情。

偶爾講到一些挫折時，他總喜歡說「我最支持妳！我會用盡我的力量保護妳！」但後來卻輾轉得知他在背後，和別人說我的祕密、評論我的行為，當別人說我的不好，不但沒有幫我說話，反而認同別人對我的看法。這是一種多重人格，還是我們對「支持」與「保護」的定義不同？

以前總是相信他所說的話，也以為他是真心為自己好，後來認真省思他的實際作為，發現其實沒有一件事情是真的為我好。

當你遇到對的人，兩個人相處的時候，難過除以二，悲傷除以二，同時，成就感乘以二，快樂乘以二。但是，當你遇到錯的人，反過來，你的難過與悲傷都會加倍，甚至讓你開始懷疑自己，而成就感與快樂，似乎也沒了意義。

沒有人有義務陪伴一個人，畢竟當你感到挫敗的時候陪伴你，他並沒有辦法獲得任何延伸的利益，而且還得幫你分擔負能量，假如你又是一個勸不聽的人，這時候仍留在你身邊聽你講、陪伴你的人，其實很不正常。因為他冒險，冒著可能被拉進你的負情緒旋渦中，因為他已看出了問題的癥結點，但他克制心中的評論，選擇靜靜地聆聽，讓你發洩。

當一個陪你笑的人多容易，約個飯局，接著再去唱歌、喝酒，一起開開心心，度過一個晚上；找到一個陪你哭的人很少也很難，需要在意你的心情、用你聽得進去的方式，一點一滴引導你走出那黑暗的泡沫。

這樣的人還是存在的。曾經遍體鱗傷，才知道遇到一個能療癒自己的人有多麼珍貴。經歷過人情冷暖後，還留在我身邊的有這麼一個朋友，能在我難過、想分享開心事情，一則訊息、一通電話，就能讓我毫無顧忌地分享全部的好朋友。

錯過歡笑中認識的人，其實沒什麼，也不值得難過；但曾經陪著你哭，牽著你走出來的人，好好珍惜，畢竟他是最能看見標籤下真實的你。

關於情感，我學到了……

錯過歡笑中認識的人，其實沒什麼，也不值得難過。

#錯過

4 家，是永遠的避風港？

心理學家阿德勒曾說：「幸運的人，用童年治癒一生；不幸的人，用一生治癒童年。」

過去因為職涯輔導、面試講座等經驗，很多人問我：「我不夠有自信怎麼辦？覺得自己拿不到好工作怎麼辦？」

問這個問題的人，其實他們都有很好的經歷、很好的履歷，與其說對自己沒自信，不如說他們無法肯定自己、很容易自我批評、無法認同自己的成就、對自己的未來感到迷惘，不知道未來何去何從，因為不知道自己是誰。

後來發現這些情緒淵源，並不是因為他曾在求職上受到挫敗，而是因為原生家庭的影響。

忽視，就是最大的致命傷

前陣子自己也在Youtube上探討這議題，製作了一支影片「自戀型人格父母——有時候自卑感，是來自於原生家庭的影響【聊心理 #1】」，好多人留言分享說這跟他的生活背景很像，而自己正如影片中分享到的，陷入一種負面循環中。

其實，父母在小孩的成長過程裡發揮了很大的影響力。父母們總以為自己有了小孩後，便不需要再學習，就會自然而然成了稱職的父母，以致於在現在的社會中，出現了很多「隱性傷害小孩的父母」，像是言語威脅、公開地批評、情緒勒索等，還有一個最大的致命傷：忽視。最常見的就是，忽視小孩的感受、不在意小孩需要的鼓勵與注視、不認同他的請求與想法。於是，不被肯定的心態，開始在小孩心裡萌芽。

之前看過一部日劇《ON異常犯罪搜查官．藤堂比奈子》，更證實了一個人的基因，或許會決定一些特質，但同時也會因為爸媽的一句話，決定了他的未來。

日劇中的女主角藤堂比奈子，她是一個沒有情感的人，例如她感受不到「害怕」，這在心理學中稱為「Psychopath」，翻成中文叫做「心理變態」，是一種人格障礙。她的內心無法有所感受，講直接一點，就是一個沒有人性的人類，若是常看一些美國警探影集，很常聽到這個詞，也常常容易把Psychopath跟殺人魔劃上等號，正因為他們無法感受到難過、害怕，所以不懂一些行為背後的影響，但為了符合社會的期待，他們還是會表現得很和藹親切，只是從他們的眼神裡很容易看到冷漠。

而女主角在小時候，爸爸曾跟她媽媽說：「她是一個怪物，遲早會犯罪的。」但是她的媽媽始終用愛和擁抱告訴女主角：「妳會走在正途上的。」後來女主角成為了刑警，遇到這部劇的大魔王。大魔王童年被爸爸家暴，後來到了養護機構被院長凌虐，心態越來越扭曲，開始了一系列的殺人事件。

在女主角高中時，被這位大魔王發現了那樣的人格特質，而女主角也不害怕大魔王的殺戮行為，因此大魔王認為他們是同一種人，只差在女主角還沒真的下手傷害動物或是殺害別人，因此，他催眠了女主角，要她隨時帶著刀，用自己的方式去殺人，而女主角似乎也都忘了，自己還有一個「不殺人」的選項，一直以為自己遲早會殺人，而最後，幸好在家人與同事、前輩的幫助，她意會到自己是有選擇的，而她也早在媽媽的愛與叮嚀下，選擇了光明的世界，沒有淪為和大魔王一樣同類的人。

大魔王與女主角的差別在於，女主角還有一個願意給予自己無條件的愛與支持的媽媽，每一個差點走歪的岔路口，都有那麼一個媽媽、一個同事、一個人，給她一個溫暖的擁抱。

讓長大的自己，照顧心中那長不大的你

童年對我們的影響，可能會因為別人的一句話，成為長大後的心魔。尤其是最在意的父母對自己所講的話：

「你成績這麼差、這麼笨，不要浪費錢念書，直接出去工作！」

「你長得沒人家好看、身材沒有那麼好，不要臉皮厚，跟著穿這種衣服。」

「你這麼調皮，未來一定會做壞事、當混混！」

長大後，我們就為自己貼上了標籤：笨、沒成就、長得醜、丟臉、調皮、混混，這就跟算命一樣，重點不是你真的是否有這些特質與能力，而是你相信自己有這些特質與能力，所以會開始合理化相關行為，然後越來越接近當初父母、其他人在你心中設定的形象。

但相反地，若是在成長過程中，有人跟你說：

「你數學很有天分耶，相信未來會成為很厲害的工程師或是分析師吧！」

「你好貼心喔，你在學校一定會有很多人喜歡。」

我們就有可能相信，自己是有能力完成特定的事情、達到特定的成就。

這些心魔的產生，其實是因為我們期待著家給我們「無條件的愛與支持」。

若你很幸運，有著這樣的家庭、這樣的環境，那就好好珍惜，朝理想的自己前進；若家中的環境，沒有想像中美好，沒有如避風港般的支持與保護，也不要覺得難過，因為其實很多人都是這樣的，或許在這一輩子，你無法遇到理想的父母，但是可以從現在開始，讓長大的你，來照顧心中那長不大的小孩。

找到那道光，給予自己勇氣與力量

「家」的確是個避風港，但是不一定是要有血緣的家人們，可能是你的室友、可能是你養的毛小孩們，一個能夠提供無條件支持與愛，讓你在這個空間，感受到無比自在、不需要有任何偽裝的港口，這才是「家」真正的意義與目的。

有人認為，租屋的家，只是流浪，在物理上來看，的確可能只是暫時的，但是，若是從心理層面來看，只要能夠有所連結、能夠互相支持的地方，那就是家的所在。

當你的原生家庭無法讓你感受到愛，你還是有能力創建一個空間，屬於自己的「家」的空間。

若你發現小時候或是過去的某個經驗，讓你心中一直有個創傷沒有癒合，可以閉上眼睛，試想著，若有一個異空間能夠讓人生重來一次，可以讓你得到你想要的無形資源、力量或是實體的物品，你會給那時候的自己什麼呢？

若那些東西，幻化成一道很亮的光，照在那時候的環境，你會認為那是個什麼顏色的光？怎樣的光，才能讓那時候的自己，感到有力量、感到不孤單呢？

找到那個光，讓接下來的日子中，當遇到自己的心魔、不小心落入負面情緒的狀況，就閉上眼睛，感受那一道光，給予自己一點力量與勇氣。

關於情感，我學到了……

從現在開始，讓長大的你，來照顧心中那長不大的小孩。

#現在 #長大 #照顧

5 我從來不感謝那些看不起我的人

蔡依林曾說過一句話：「感謝曾經不看好我的人。」當時，覺得很有道理，也是許多人心裡的金句。現在走過低潮往回看：不，我才不感謝那些看不起我的人。

人生路上，不缺看笑話的人。在生活中、職場上，可能會出現有人看不起你、嘲笑你、言語霸凌你，在那當下，你是否也曾有過這樣的念頭：「你等著看，今天你對我愛理不理，明天讓你高攀不起。」

以前，我很容易有這樣的念頭，直到有一天才驚覺，這樣的心態不就是八點檔、宮廷劇的劇情？我們一邊笑著八點檔的劇情有多芭樂，但現實生活中，內心也早已跑過好幾次這種劇碼。

這樣的劇情，的確很有張力、很大快人心，但是，然後呢？

我感謝那些用嚴厲口氣給我建議的人，但是我並不感謝那些看不起我的人，因為建議與看不起最大的差別，是有沒有提供方向。當一個人，他看不起你，不是因為他不想要提供方向，而是因為他也不知道該何去何從，很有可能他講的這些內容，單純是取決於情緒，他「覺得」你不會成功，又或者他不希望你比他成功。

激將法可能造就一輩子需要療癒的傷

人真的會將一句話聽進去、會因為一句話受傷，是因為「相信與愛」，相信一個人對自己是真心的，相信這個人出發點是好的，所以才會認真地把一句話聽進去，這也是為什麼有人說：「會因為你而受傷害的人，通常都是愛你與相信你的人。」

這也是為什麼，早餐店阿姨對著客人說「美女」「帥哥」，我們可能不會因為這樣的讚美而對自己的外表很有自信，或是說面對自己的專業，一個門外漢提供的建議，我們通常不會認真聆聽，因為對方並不是自己信任的人。

小時候，會有些老師，甚至是父母，很喜歡用激將法，但往往這樣的一句話，卻成了小朋友一輩子要療癒的傷：

「你就是笨，連這種題目也不懂。」

「你看○○○他英文單字背多好，你怎麼連唸都唸不好？」

「妳怎麼那麼胖，這樣以後要怎麼嫁出去？」

「我看連豬窩都要比你的房間還乾淨！」

有些人會說之所以這麼做，是因為這樣才能激起小孩自我挑戰的心，但這有個前提，當你使用激將法時，一定要有另一方，有著更大的支持與無條件的愛，才能真正將一句話，往正向發展，不然我看到的，不是激起小孩子自我挑戰的心，而是種下孩子們自我批評、自我厭惡、無限擴張的比較心態。

從出生開始，我們的本性是相信爸媽說的話：「要記得吃早餐。」「不要挑食。」「不要去危險的地方。」而不是從頭到尾懷疑，每句話背後有沒有父母想要傳達其他的意思。

在這樣的期待與訓練下，為什麼連一句鼓勵的話都不能好好說呢？為什麼一定要用激將法？為什麼期待孩子可以理解你的苦心？為什麼不是先了解，孩子是否能把每一句話都聽到心裡頭去？

你要感謝的是當下的自己

當然，還有一個究極的問題是：你是真心出自好意在講這樣的「激勵」話語嗎？

很多父母、老師會用言語暴力，將對方批評得體無完膚，好證明自己的高高在上，若本意只是在發洩情緒，那又何來的「激將法」之說？會不會只是事後的故事包裝？

當批評的人都沒有考量你的心理狀態，不確定你的心是否夠健全、是否足夠成熟承擔這些批評與詆毀，那他又憑什麼值得你的感謝呢？

在創業的那一段時間，曾經經歷過人生最低潮的時候，每天都面對很多批評：

「很多人等著看妳掉下來。」

「創辦人是女的，很快就會去結婚生小孩，創業很快就會收起來了啦。」

「妳也不過只是個花瓶而已。」

那些傷害你、看不起你的人，從來不是為了你好。對你做出這麼多差勁的事、說了這麼多傷人的話，他們是真心要你往下掉，掉越深越好，最好一蹶不起。

而當你沒照著那些劇本演出時，你要感謝的是當下的自己，沒有自甘墮落、沒有對自己放棄治療，反而更往自己的理想前進。

面對那些人，他們不值得擁有你的一絲關注與時間，若一個人心裡的空間有限，又何必浪費在這些傷害自己的人們身上呢？我早已忘記誰曾經傷害我、看不起我，但我深深記得並感謝，曾經支持著我、愛我、幫我的人！

還有，在過程中，一直堅持的自己。

認真說起來，那些傷害過我的人，唯一做到的事情，就是創造了一個一個讓我更認識自己的情境。

很多人在寫手帳、筆記時，會記下當天「感謝的人」，我認同，有些人很值得我們感謝，但絕對不是那些傷害我的人，不管其動機為何。所以在手帳上，我不寫「感謝的人」，我寫下「感謝的三件事」，或是「讓我學習到東西的三個人」，因為一件事情的發生，很中性，有些人無感，有些人因此上了一課，當有所學習，其實是來自於自己的關注力，選擇從中學習，而不是渾渾噩噩過日子。

生活中，有傷害自己的人，也有幫助自己的人，我們眼中都是這些「別人」，最容易忽略了，一直以來陪伴著自己的「自己」。

當你可以順利走過一切低潮、越來越靠近理想的樣子，沒有被各種現實打敗，要好好感謝自己，感謝自己的選擇，感謝自己的相信，感謝自己相信自己。

關於情感，我學到了……

你要感謝的是當下的自己，沒有自甘墮落、沒有對自己放棄治療。

#感謝 #當下 #自甘墮落 #放棄

6 對人保留五分不是你狡猾，而是一種自我保護

在亞洲文化下，總是被教導「以和為貴」、要有禮貌，在這樣的成長背景下，我們害怕衝突、害怕被討厭。父母和師長也都會跟我們說做人要善良，但是卻沒有大人告訴我們「善良需要底線」，所以我們不斷退讓，退到都沒了原則，甚至因為這樣的退讓，被有心人士利用。

「人在江湖上，誰不挨刀？」

讀書期間，最多也只是偶爾吃點虧，但是出了社會，發現這樣的自己很不快樂，開始在人前微笑，回到家累到癱倒。有些人早已和面具融為一體，偽裝自己、板著臉孔、保護自己，不再與人溝通，但也因此背上了「難相處」的名號。

有一句話很老套，但也很真實：「人在江湖上，誰不挨刀？」

人跟人的相處，不需要只有愛與恨，如此極端的相處模式，我們只要保留五分，用五分面對這個世界，剩下的五分，為自己打造一個安全的環境。

在職場上這是更常見的，同事間的關係變化很快，過不了幾年，以前一起共事的同事，可能會變成另一間公司跟你合作的窗口，也可能是競業的負責窗口，或是升得比你快，成為了你的主管，彼此關係不再單純，有很多綜合的可能，你無法預料會不會因為當年無心講的一句話、一個舉動，影響到某個合作，某次升遷。

在Instagram上，最多人問我的一個問題：「我到底要不要跟同事當好友？」

我自己的想法是，我們可以跟同事成為「好同事」關係，但不需要成為好朋友，不過這並不代表你就得跟他成為敵人，基本的互動，聊著公開的資訊就可以了。

小時候如果被朋友出賣，大不了就是哭一哭，說著要切八段，卻當別人低頭時和好，就算再糟的吵架也只不過是不再聯繫；但是在職場上，名譽都是辛苦累積而成的，被有心的人操弄，很容易落到一個裡外不是人的狀況，這也為什麼，我們只需要成為好同事，不需要到成為好朋友。

好朋友，你可以聊家庭、聊伴侶、聊公司環境、抱怨公司同事與主管，因為他知道，你只是需要抒發情緒，但是，同事就不同了。假設面對同事A，你不知道會不會一轉身，他就跟主管說，你最近因為伴侶鬧得心神不寧，無法好好工作，或是一轉身，跟另一位同事B說，你其實很不滿他的做法與工作效率等，或許你本無意，只是當成一個私底下的話題，想跟這位同事A拉近距離，但是，他更期待跟別人拉近距離，所以拿你的話題內容，去跟別人分享，換取更機密的訊息。

同事間，我們可以每天微笑打聲招呼，一樣可以在茶水間聊天，聊聊天氣、聊聊最新的戲劇、聊聊最新的新聞，但不需要分享自己私人的資訊，在專業的環境，維持專業的關係，或許是最好的模式。

面對愛聊八卦的同事時，你可以……

這時候，常會有人接著問：「可是，有些同事真的很喜歡聊八卦，都會問我的想法怎麼辦？」

這樣的人真的很常見，但基於上述的可能，通常我自己的解法是：

一，**避免與他單獨相處的空間**：若發現可能搭同一部電梯，改搭下一部，若發現茶水間只有這一個人在，那就不要進去，發現一起去吃飯時，盡量不要坐在他旁邊，盡量降低可以跟他對話的可能。

二，**不要正面回應他**：「你比較支持A同事還是B同事呀？你站在哪一邊呀？」這時候很適合裝傻：「怎樣的事情呢？發生了什麼事呢？他們的關係我還不清楚耶。」因為當你不小心回答他任何一個答案，都有可能被當成一個資訊交換出去。

三，**明確表現出，對這議題沒興趣**：像是這種問題：「你薪水都多少呀？你跟主管關係好像很好耶？」與其扯東扯西，努力轉移議題，有時候直接的回答一句：「有嗎？」當你可以用肯定的眼神說出這句話，暗示著這個議題我沒有興趣，很多時候這種狀況，你只要明顯表達，對方不會如此不識相繼續追問了。

一定也會有人說：「若這時候被說難以親近、心機重怎麼辦？」

那你就問問自己：被這樣說又如何呢？

我們每個人心裡的空間並沒有想像中的大，真心有限，何必對每個過客都付出很多、容易親近呢？把我們的真心與認真，留給真正有意義的人就夠了。

他們即使說著難親近、心機重，但是當你能力相當、很受客戶的仰賴，這時候他們會更加尊重你，嚼舌根是不會得到尊重的。

面對攻擊你的同事，你可以……

再者，會這樣說你壞話，也代表某種程度是在嫉妒你，沒有人會想要把話題圍繞在一個沒沒無名、沒有威脅性的人身上。而這樣的嫉妒，常常也只是他嘗試想掩蓋著自己心中的沒自信。

一個人的地雷，常常是一個傷、一個祕密，他對你這樣的行為感到暴怒或不滿，很大的原因是，他曾經也在類似的經驗受過傷。可能是因為他曾經付出真心卻被反將一軍、不被認真對待，或是，他嘗試用「真心」來偽裝自己其他方面的懶散，可能是對生活不再有熱情，也可能是在工作能力上不想精進，所以當你積極地表現，狠狠戳了他的軟肋，他才選擇攻擊你，畢竟攻擊就是最好的防禦。

面對這類型的狀況，我的建議是：

一，避免與他的任何接觸：能夠避免與他正面相對、減少與他的獨處、避免與他一起工作的場合是最好的。

二，在他面前，盡量無表情：當一個人討厭另一個人，會根據一個人的表情去做解讀，所以降低可以被他拿來說嘴的事項。

三，適度反擊：若已經傷害到你的名聲或是影響到你的工作效率，適度反擊吧，斥責與制止，表現出自己的其他人脈與表現，讓對方適可而止。

當你越在意這類型的同事，有時候會讓對方更得意，因為他會發現，你是在意他的，攻擊是有效的！

再者，這類型的同事，有這樣的閒情逸致攻擊其他同事時，也就暗示著，他可能沒有認真精進自己，當一個沒有在精進自己的人，他的職涯差不多就止步了，若你也想跟對方一樣，止步於此，那你可以繼續認真看待他說的每一句話；但若你認為，未來要過得比他更好，那就換個方式思考吧，盡可能從他身上取得可以學習的，等到學習的東西都結束了，就徹底把他趕出我們的腦袋中，不要再為他感到任何的擔心與憂慮，繼續我們自己的旅程，朝向我們理想的職涯方向前進，因為他真的不值得你浪費任何一點時間。

關於情感，我學到了……

把我們的真心與認真，留給真正有意義的人就夠了。

#真心 #認真 #有意義

7 幸福容易嗎？沒有別人的喜歡，也要有愛自己的勇氣

身邊很多人常常抱怨自己為什麼在感情中容易受傷，原因有很多種，但我發現有很大一部分，是因為：我們期待著，透過對方來賦予自己價值，我們崇拜對方、深愛對方，卻不愛自己。

我們常常期待在別人眼中，看到自己閃耀的樣子，希望透過這樣方式，來感受到別人對自己的肯定、支持、喜愛，但是忽略了一件事：你需要先閃耀，才能在別人眼中看見自己閃耀的樣子。

當我們因為別人的認同，才能認同自己，當別人的喜歡，我們才開始愛自己，代表我們已經把自己的情緒主控權，交給其他人了，也就是說，我們無法掌控自己的情緒，每次的情緒波瀾，都被外人所操控著。

但同時，我們也知道無條件接納自己，是件很難的事，那是一條很長的路，尤其是在小時候，沒有充分感受到愛，甚至遭受過不好對待的經驗下，想要愛自己的不完美，是一件多難的事情，那又是需要多少努力，才能獲得的。

因為熟悉感而靠近

記得在Instagram上，有人問我：「為什麼自己常常遇到渣男（渣女）？為什麼戀情常常沒有多久就分手了呢？」

觀察後發現，有一大部分的人，其實是步上小時候自己不喜歡的那個人的樣子，例如，有些人因為在家暴的家庭下長大，雖然非常痛恨那時候施以家暴的爸爸或媽媽，但是，正因為身體上已經記取了那個熟悉感，在潛意識下，就會往有相關家暴特質的人靠近。《我的家住著趕不走的怪物》一書中，就是描寫出這樣的狀況，有些特質，因為習慣而熟悉，因為熟悉而靠近，即使在小時候一直告訴自己，千萬不能找像爸爸那樣的伴侶，長大後卻還是因為熟悉感而被吸引，即便自己有隱約感受到對方很渣，過往經驗可能再重演。

另一群人，則是想透過對方的愛，來完整自己的愛，可能是小時候的缺陷，所以一直想要在自己的伴侶身上，找到可以彌補那時候的缺失，例如從小就期待著別人的肯定，所以當這個人，是第一個肯定自己的能力時，他的表現，很容易就令你陷入似是而非的「愛情」。但是當自己無法治癒自己，卻期待能透過另一個人的溫暖來治癒自己，往往會導致盲目用藥，傷了自己。

曾經有個學妹跟我聊：「我這麼愛他，我給他所有他要的，我都愛到沒有自我了，為什麼他還是劈腿？為什麼他還是這樣對我？」

或許正是因為你把所有的愛都給了對方，才讓別人更不懂得尊重你、珍惜你。你期待透過對方的愛來肯定自己，但是在他眼中，你只是一個「沒了自己」的軀殼，而對對方的愛，其實也常常淪於盲目，不知道為什麼而努力撐著，可能只是想治癒一個很久以前曾經結的痂，但卻因此受了更大的傷。

期待別人的喜歡、別人的認同，是人之常情，面對這樣的狀態，即使做不到被討厭的勇氣，但至少可以讓自己成為「一」，當得到別人的喜歡與認同，才會有加乘效果，成為一〇、二〇〇，但若是連你都不清楚自己，沒了自己，就是個「〇」，有再多的愛與認同，乘以零，還是零，因為這些都只是短暫的喜悅，很快又會把你吸回去負面循環中。

每個人都值得美好的愛情、美好的友情、美好的親情，但這些美好，都需要先來自於，肯定自己。

為什麼我們要這麼輕易地把自己的心交出去？為什麼我們要輕易地把情感交給別人操控呢？

我想這也是出現「贏者詛咒」的主要原因吧。

擺脫「贏者詛咒」

記得在大一時，李吉仁老師跟我們分享，考上臺大的很多人，其實身上都背著「贏者詛咒」，因為這一路上，剛好會讀書、剛好分數達到了，剛好這些都符合社會與父母的期待，一路上帶著大家的肯定與崇拜，考上大學甚至碩士、出社會找工作，但稱之為詛咒，是因為當有一天發現，這個社會所期待的自己，跟自己想要的不一樣時，那就會是世界崩裂的開始，瞬間沒了方向，感到挫敗不堪。

人們是群居的動物，很在乎「光榮」「羞恥」，我們會把全家、全家族、全社會的期待往自己身上背，慢慢地，開始說不清楚，這是自己很有熱情的領域，還是自己以為有熱情的領域。

於是，變成了你想成為的自己，而不是內心真正想要成為的自己。

身邊有一個很優秀的學妹，她在大家的眼中很活潑、很認真、很厲害，在海外很頂尖的科技公司工作，是每個人心中「人生勝利組」的展現。

但私下聊天時，發現她其實深陷低潮很長一段時間，這段時間也曾求助於心理師，看似有好轉，但內心，仍無法很真心地感到開心。

有一次我跟她分享近期研究職涯、心理與神經科學領域的心得，她敞開心胸跟我分享了她的生活，表示她自己也想要找到自己缺失的那一塊。

聽著她的分享，我最大的感想是，她的生活中有太多「應該」，有太多別人的期待想要完成，她以為找到自己喜歡做的事情，實際上真正的動機是，希望能讓父母開心，讓其他人覺得自己很厲害，所以才選擇突破自己、突破極限，但過程中一旦有一點質疑聲出現，她就會開始批判自己。她努力讓自己的社經地位越爬越高，來獲得認可與快樂，殊不知內心仍舊是空虛一場。

一個常年不愛自己人，就像是埋下了不定時炸彈，一旦被啟動，產生強大的毀滅性威力，是足以把自己炸得粉碎。

這樣的經驗，我也曾經歷過。開始創業時，是我剛離開外商沒多久，對自己創業的期待，是希望可以比過去的同事們更厲害、獲得更多掌聲，更接近「理想的自己」，希望突破外商的領域，在一個新領域中，闖出新成績，或許就跟那一位學妹一樣，到了國外，換個國家，繼續累積，一樣的成就徽章。

不管身體舒不舒服、累不累，都希望可以獲得好成績，結果換來的是，每天心情都很差，因為看不到即時的回饋、看不到別人眼中的崇拜，開始迷失了自己，批判自己，為什麼自己可以這麼「魯」、為什麼自己能力可以這麼差。

一段時間後，才發現，我以為的跳脫環境，根本不是真的跳脫，我只是換了地方做我原本在做的事情，卻貪心地想要找到更理想的自己，過程中，我甚至已經不知道，什麼是「理想的自己」。

花了好長一段時間，學著與自己和解、跟自己對話，擺脫所有他人對我的耳語，找到最原本的自己，找到自己最想要的生活與模樣。

當我真正以我內心的藍圖，來制定我的職涯時，我發現，面對內心最深層的自己，雖然有點醜陋、有點不堪、有點柔弱，卻讓我能夠更踏實地做每件事情，對幸福的敏感度也跟著提高了。

關於情感，我學到了……

你需要先閃耀，才能在別人眼中看見自己閃耀的樣子。

#閃耀

Lesson

4

喜歡不了自己，
那就從不討厭開始

— 關於人生 —

1 過往的傷疤都是讓自己成為溫暖的人

回想起小時候的自己，在讀書階段，是屬於那種下定決心，就會很認真地全力以赴，最後也很幸運地考上理想的科系，所以我一直在創業前都相信努力就會成功，若不成功一定是你懶惰、不努力。

開始創業後，經歷了很多事，看了很多不同的人，發現努力不一定會成功，但成功還是一定要努力，只不過收穫不一定會成正比。

不是不想努力，而是不知道可以這麼做

當你可以自在生活，你才談得了策略、未來；當你還在為生存打滾，只能不斷想著如何活下去、下一餐在哪裡，已經不管未來會過得如何，因為你不敢想像未來會長怎樣。

記得高中某一次看CNN時，有個報導讓我印象深刻，也為我帶來很大的衝擊。報導中，記者訪問一位身處戰亂的女孩：「妳的夢想是什麼？」她回答：「我沒有夢想，每一天可以活下去，應該就是最大的渴望了吧！」

小時候，作文題目總會有一題：「長大後我想成為……」自然而然地就覺得未來是有希望的，每天都該挑戰自己，要努力、要變更好，所以當下看到那則報導，我感到相當驚訝：怎麼可能會沒有夢想？沒有夢想、無法想像未來的感覺，好抽象也好可怕。

在求學的過程中，「同溫層」還滿厚的，大家都有著類似的目標、經驗、受過類似的教育，所以一直相信人應該追求進步，應該要期待自己有很大的成就，應該要了解國際時事與趨勢，進入國際市場，才稱得上是一個厲害的人。甚至還會很極端地認為，如果你的目標很小，代表你自甘墮落，如果你的工作只追求賺錢、沒夢想，叫做庸俗。

後來，因為工作的關係，我接觸了很多大專院校的學生們，發現有些很勤奮的大學生，他們不是不去爭取，而是他們從來沒有聽過有那樣的機會，因為他們就讀的大學沒有相關資訊，也沒有來自學長姐的經驗分享，唯一能寄託未來的就是參加比賽。

我才領悟到，有時候一個人沒有目標、沒有方向，不是他不想努力，而是他完全不知道可以這麼做。

大學時，老師與系辦不時會轉發一些企業徵才資訊，學長姐們也會在PTT或是臉書上，放上一些內部徵才的資訊，釋出一些實習工作，所以自然而然地，我以為其他學校也有一樣的風氣。若一個人的眼界，會因為大學的資源而受限，是否也代表，當你考完大學、確認就讀哪所大學後，人生方向也就被確認了？

後來創辦了「實習資訊佈告欄」網站與社群，就是希望至少能在實習這部分，可以讓所有人都有機會接觸，再自行決定你要不要爭取，而不該是考完試後，就此成了不同的世界，有些人永遠無法想像，原來人生可以活成另一種模樣。

每一個問題，不見得只有一個正確答案

創業後，曾經因為財務上的壓力，一度無法思考長遠的策略，習慣了初二、十六求神拜佛，只希望有那麼一點起伏，別人說我短視近利都沒關係，我只求可以養活夥伴，讓他們付出的努力與認真，都可以有對等的價值與收穫。

我怨天尤人，思考自己為什麼沒辦法像某位學長或學姊一樣，甫創業就有超好的成績？為什麼我每天熬夜，認真拚命地工作，卻沒有對等的回報？

那段時光，徹底打破了當初的信念，不再相信自己的能力。「我不想要努力了……」每當這麼想的時候，很幸運地，我身邊有幾位從頭到尾，無條件最支持我的人，讓我沒有真的掉進情緒的深淵，過程雖然有點多舛，但是一點一點地，找到理想的方向，現在反而比過去有著更踏實的生活，也更懂得生活。

剛畢業的兩年，學弟妹向我請益時，我很容易有先入為主的觀念與定

論，甚至會擅自把自己的價值觀與標準，套用在別人身上，因為我相信，成功有一定的公式、理想的模樣與進步有一定的方程式。

「你找工作怎麼可以這麼世俗、這麼看重錢？沒有熱情，你這樣怎麼成功？」

「你怎麼可以做這樣的決定，你這樣讓愛你的家人怎麼想？」

「你怎麼這麼自暴自棄、這麼不上進？你的目標怎麼這麼小？」

每次只要發生事情時，總會有些人很急著跳出來分享「看法」，包含我自己也是，或許也是因為我們過去一直被訓練要有批判性思考，訓練每個問題都會有一個正確答案，所以自然而然，在生活中，我們把每個經驗、每個人都放進一張考卷裡。

不要急著下判斷，才有機會獲得不同觀點

前些日子看到日劇《MIU404》，裡頭這段話讓我特別有感：

「人生中經過的路線不是一直線，眼前有障礙物，看似順利地避過，就

會從旁被推進另一條路，人就是在這樣的過程中犯下罪行，因為某個機關而走錯路。每個人路上的障礙物數量不同，有人能回到正軌上，也有人一旦走偏就回不了頭，會遇見誰，或者不會遇見誰，改變這個人方向的機關是什麼？在那一刻到來之前，沒有人知道。」

每個人的人生都像是闖關遊戲，有人拿到的是簡易版，更有人拿到的是超高難度版，最後的行為的確都是自己的決定，善惡也有界限，但是不需要急著評論一個人的價值觀，因為那是一個人的人生累積。

當你沒有歷經過他所有的經歷，真的很難評斷一個人的價值觀。先試著理解，不要急著下判斷，才有機會溝通，更有機會獲得不同的觀點與思考。

現在往回看創業低潮的那個階段，老實說，我一點也不想要再重新回去那段痛苦的時光，但我還是很感謝那時候的自己沒有放棄，撐了下去。

當一個人在最得意的時候，可以看到他的本性，但當一個人在最底端、最低潮時，你可以看到他的人性。

在那段傷痕累累的時光，治癒自己的過程中，三折肱為良醫，知道更深層的問題，也成為了現在助人過程中的養分。

感謝身上的這些傷痕與瘡疤，或許減少了一點光芒四射，但讓更多溫暖萌芽。

關於人生，我學到了……

原來人生可以活成另一種模樣。

#人生 #模樣

2 世界上你不能認同的人還是過得好好的

出社會越久越能感受到，這個社會、這個世界有多麼不公平，但或許我們生來就是不公平。

身高不一樣、骨架不一樣、長相不一樣、個性特質不一樣，在特定的情境下，這些不一樣都可能被視為一種不公平。

有些人就是特別喜歡藝術類的事物，有些人則喜歡數字與分析，例如上國文課時，帶有一點浪漫特質的人，隨手捻來的文辭佳句，在寫作文方面很吃香；上數學課時，喜歡數字、追根究柢的人，很自在。

甚至家庭背景的差異，更顯現了不同的優勢，有些人似乎集萬千寵愛於一身，有些像是上輩子拯救了全宇宙一般，繼承了長輩們打下來的天下。

選擇做一個自己看得起的大人

你會不會曾經也有以下的捫心自問：

「我這麼努力，為什麼他只要靠他的爸媽，就能獲得我的夢幻職缺？那我這麼努力算什麼？」

「他的手段這麼卑鄙，卻獲得世俗的成功，那我正直、努力工作到底是為了什麼？」

「那個同事根本都在偷吃步，拿別人的作品來巴結主管，卻可以獲得升遷與加薪，那我這麼腳踏實地、認真做好每件事，到底是為了什麼？」

長大之後，看到好多起起落落，不管是一個人或是一間公司。

曾經有個朋友，人生竄升得很快，是大家眼中的神童，對他而言，成功實在是件太容易的事，所以他開始用不法的手段，來增加自己的個人財產，後來被公司內部的夥伴舉發，因此在業界重重跌了一跤。

之前聽朋友說，他曾參與過許多擁有厲害職稱的「神人」講座，但當他上前與講者聊了幾句，發現他最厲害的專業，應該就是包裝自己。朋友後來跟我說，他因此產生了一個念頭：「自己是不是該丟下一切禮義廉恥的包袱，不需要為言詞負責，只要敢說、敢表現就可以了？」也就能換得一樣的「神人」稱號？

這個社會很現實，出社會越久，就會看見越多汙穢事，有些人看不清真相，是因為被同化了；而看清真相的，總是憤恨不平，讓自己的大腦充滿無奈、焦慮、怨恨、怒氣的情緒，卻也沒辦法改變什麼。

後來我發現，其實也沒那麼不得已，因為這都是自己的選擇，而我，選擇做一個自己看得起的大人。

看清真相，並想盡辦法從中學習

面對世界黑暗而自怨自艾的人，可以想想：「現在你已經知道有這樣的手段可以成功，有可能走在違法邊緣的方式，那為什麼不去做？若真的想要成功，那為什麼已經知道方式，還不去做呢？沒有人阻止你呀！」

拿我自己來說，即使知道有那些方式，也有相對應的資源與管道了，我還是選擇不這麼做。因為，我知道自己是個正義感、道德意識頗強的人，若這樣做了，我想我每天都會覺得自己很差、對不起這社會，即便有了名義上的成功，但未來的時間裡，我都不會喜歡自己。

我也問過自己：「妳知道現在社群上大家想要看到什麼，也知道有哪些方式了，沒有人阻止妳用一樣的方式經營社群，為什麼妳不願意呢？」

這個問題的答案很簡單，追根究柢，我不是想要獲得很多人的推崇與追蹤，而是希望有人可以因為我的一句話、一篇文章、一個分享，生活有那麼一點不同，能夠因而看到自己的成長，或是肯定自己一點、無條件多愛自己一點，這樣就足夠了。

有一句話說：「生氣，是拿別人的過錯來懲罰自己。」

一旦抱怨與怨恨開始累積，很容易造成負面情緒，久而久之，憤世嫉俗成了常態，對每件事情怨天尤人，面對問題不再有所作為，因為我們都會為它找到一個看似理所當然的藉口，告訴自己不需要改變、不需要行動、不需要努力。

事出必有因，但允許它無止盡地放大的是自己，因為一開始我們就知道無法改變的事情。

：我們有能力改變那個我們不能認同的人嗎？

：不能。

：我們有能力改變認同他的人嗎？

：不能。

：那我們可以改變自己嗎？

：可以。

當你看清了真相，想盡辦法從中學習、榨取所有它給你的啟發，然後就把這個人、這件事，遺忘吧！丟掉吧！因為，它已經沒有值得參考的價值了。

每個不公平背後都代表著「不一樣」

身邊有沒有遇過一種朋友，在他的談話中，總是充滿「不得已」「沒辦法」「我也不想」，每次跟他對話都會覺得好疲憊，因為你無法真正與他對談，他聽不進任何建議，永遠都有「但是」。就我個人的觀察，當一個人看不起自己的所做所為，每件事情都不是自己想要的、喜歡的，即使擁有再怎麼多的光芒與成就，也很可能會落入一種無止盡的負面循環，因為他成為一個，連自己都不能認同的人。

每個不公平背後都代表著「不同點」「不一樣」，不一樣的特質、不一樣的背景；每個優勢背後都有個潛藏的風險與缺點，長處與缺點也常常是一體兩面。像是自信的人，有時候講話過於武斷，聽不進別人的建議；令人抓狂的優柔寡斷，反而是因為他背後的體貼；有時候靠自己的努力與能力獲得的成果，過程雖然艱辛，但因為每一步都很踏實，延伸出來的效應更高更久遠。

我們不能重新回到小時候，但是可以成為小時候心中的那位理想大人。

我們往往清楚那些人的手段有多糟糕，只是沒有意會到，我們之所以選擇不同流合汙，沒為了什麼，就只是想成為自己也看得起的大人而已。

關於人生，我學到了……

選擇做一個自己看得起的大人。

#選擇 #大人

3 當你不用證明給誰看，就成功一半了

曾經跟一位學妹聊天，問她為什麼想做這份工作，她回答：「我想要證明給我爸看，讓他知道，我也是有能力可以做到的。」

這樣的心情，我也不是沒有過。

為什麼要把人生交到別人手中？

記得小時候，我們家曾經被鄰居們看不起，也因為如此，我的大腦像是被寫下了一道指令：「未來要更加努力，成為家族之光！」這樣的信念，也曾經帶到和其他人的互動上，當我遇到討厭的人，很容易出現一個想法：「我一定要過得比他還要好！要證明自己比他更好。」腦袋裡，就像是被植入了一道公程式：「一定要成功，才能代表活得比別人好。」

所以自然而然地，追求著別人口中的「成功」，認真讀書、獲得好成績，爸媽臉上就會有光；考到好大學，阿公阿嬤會開心；有份好工作，在社會上和鄰居眼中，就會是個厲害的人，幫家裡添一點光芒。

直到有一天，人生有如大轉彎一般，我突然意會到，過去的人生，原來都建築在別人的認同上，沒有別人的認同與崇拜，我似乎就不知道自己是誰，不知道該何去何從。「過得比別人好」「要成為家族之光」的念頭雖然聽起來很勵志，但讓我們在不知不覺中，把自己的人生，交到別人手上。當別人對我們感到崇拜，我們才會認為自己是成功的、是過著好的生活，一但沒有了別人的眼光，就無所適從，沒了意義。

「你」才是自己的人生主角

為什麼我們過得好不好，需要依照別人的標準呢？

當我們想證明自己過得比另一個人好時，就會忍不住去看別人的狀態，總覺得知己知彼，才能百戰百勝，所以認為追蹤自己討厭的人，就是一種讓自己進步的方法，只要看到對方過得不好，就會開心一下，因為這樣似乎就代表自己過得很好。但只要一不小心發現有人過得比自己好，心中就會鬱悶好久，甚至會開啟「攻擊自己」的模式：「是不是我不夠努力、不夠聰明？」

卻也因此，即使完成了很多事情，發現自己沒有想像中那樣開心地活著，因為當你贏了一個人，快樂就只有短暫的幾分鐘，很快就會再找新的目標，想超越另一個人，生活就這樣無止盡地循環，永遠都不滿意。不是因為達不到自己的目標，是因為從來都沒有一個明確的目標。

有句話曾說：「愛的反面不是恨，是冷漠。」通常會拿來比較的對象，大多是自己心中帶有一點看不起、不屑一顧，但我們卻隨時在意著，這些我們不屑的人一舉一動，讓他們操弄著我們的心情，漸漸地，整個思考、生活都被對方綁架了。

明明我們才是自己人生的主角，為什麼反而更在意，自己在別人人生中的配角表現呢？

不用證明給誰看，才有機會正視自己的內心

我嘗試過很多不同的工作，曾經在金融業和管理顧問業，雖然看似大不相同，但我知道，其實這些工作都圍繞著一樣的元素：與人相處、團隊合作、數據分析、策略思考。但老實說，包含這些元素的，不只是這兩種工作，在大學期間我也意會到，或許我適合人資、行銷等工作，我也相信自己喜歡做這類型的工作，但是後來一直沒有認真納進職涯方向內，因為那些工作，讓我無法看起來過得比別人好，如此一來，我就無法成為家族之光了。

當我開始拿掉為別人而活的框架時，我重新開始接觸人資的工作，更開始了職涯發展輔導的相關工作，發現還滿得心應手的，每個工作，都讓我感到很踏實、很有成就感，即使沒有其他人的掌聲，也覺得自己很不錯！

因此，我嘗試了各種不一樣的學習，串起過往的經驗，也開始體會到，當你認真完成一件事情，從中獲得的每個經驗都像是一顆珍珠，而當你找到自己的方式，串起了所有的經驗，這些珍珠自然而然就會成了一條美麗的珍珠項鍊，閃閃發亮。

找到自己真心想做的事情，就不會只想當伸手牌，而是會主動去找資源，加強自己的能力與工具，這樣才能讓自己變得更好，才有機會更接近理想的自己一點，而不是別人為我們定義的「理想人生」。

當你不用證明給誰看，才有機會正視自己內心想要的究竟是什麼，找到打從心底想完成、渴望做到的事情。有熱情的人，為什麼總是令人感到羨慕，不是因為他身上的標籤，而是在過程中的那種義無反顧、堅定的眼神。

關於人生，我學到了……

為什麼我們過得好不好，需要依照別人的標準呢？

#依照 #標準

4 謝謝當初的拒絕

我們總是希望自己的人生無往不利，但往回看，若是什麼都依照我們想要的走，很可能才是最大的詛咒。

至少我努力過了

考大學時，我是推甄候補上的，那時候看到自己落在候補名單時，代表有很大的可能會落榜、需要開始準備指考，記得那天中午，我躲到保健中心大哭了一整個中午，我很生氣，為什麼我這麼虔誠地祈求了，我也這麼瘋狂讀書、認真準備備審資料了，為什麼我只是候補？我明明擁有比其他面試者有進入臺大國企系的決心，到底是哪裡沒有感受到我的熱情與潛力？

情緒緩和後，我開始反問自己，到底為什麼要這麼執著在這個校系？

大學也不過只是過程罷了，不是嗎？

後來，請教了一位那時正就讀臺大的高中學姊，我問她：「學姊，當初妳的學測分數明明也可以上其他國立大學，或是臺大其他科系，為什麼還是選擇了指考？我現在已經不知道，自己到底為了什麼而堅持了。」

學姊跟我說：「我當初在心中問自己：『如果現在妳的將就，換得了空閒和時間，但是等到指考結果，妳發現當初成績沒有比妳好的人，卻考上了妳的理想校系，妳會不會接下來都對自己說：當初我也有機會考上的，只是我放棄了指考。當妳講出這樣的話，妳會不會懊悔？妳會不會恨死那時候偷得一時清閒，卻放棄了自己完成夢想的可能？』答案是，我會嘔死，所以決定，不管最後指考會不會上，至少我盡了各種方式，努力過了。」

這一席話，讓我的十八歲天空多了一些不同的顏色，重新整頓自己，找到目標方向，買了一系列的指考參考書，準備開始為指考奮戰。

這樣的經驗，讓我到現在的人生，只要遇到很難抉擇或是一度想放棄的時刻，我都會這樣問自己：「我是表面上覺得自己很努力了，還是真的已經用盡各種方式了？三年後的自己，選擇了A但是失敗了，以及選擇了B但是失敗了，哪個我會更無法接受，是當初決定A的自己？還是決定B的自己？」

拒絕，是強迫自己停下來思考的契機

人類有個慣性，在一樣的環境，用一樣的方式，卻期待著有不一樣的結果，而「拒絕」是強迫自己停下來思考的契機。

因為失戀、告白失敗、分手了，才讓自己開始思考真正想要的戀情是什麼模樣；因為求職面試被拒絕，才能讓自己反思，是不是準備得還不夠、還不夠了解這個產業、職缺、公司；因為在商場中被拒絕，才能強迫自己再對商品與服務進行多一點分析，思考究竟是哪邊出了問題。

若還有繼續追夢的勇氣，更能驗證自己的決心，也會在過程中感受到何謂堅持的力量與意義。

關於高中，還發生過一段小插曲。記得有一段時間，我對自己的數學很沒有自信，雖然在班上的排名落在前五名，但終究不到前三名，所以當初即使很想上臺大國企，也不太好意思對其他人說，再加上我是文組班，學習的數學是數乙，而數學老師在高二上的時候，挑了三位同學，在放學後特別教導他們理組才會學的數甲。這三位同學裡面，其中一位是班上的第一名，對於高中生心態而言，只覺得老師不公平，只栽培特定的人，讓這三個人選學比較多東西，所以那時候對自己更沒自信，也認為這驗證了，自己沒有考上臺大的能力，但那段時間，也不敢跟老師爭取或是詢問老師為什麼沒選我，因為怕老師說出來的答案，會讓自己僅存的一點自信被徹底擊敗，所以只能在心中下定決心，一定要好好學好數學，讓數學老師後悔沒選我。

那時候學測數學考了十四級分，順利考上了自己理想的校系，終於能帶著多一點點的自信跟老師說，那時候的我，其實非常受傷，因為老師沒有選到我，讓我覺得自己的數學能力，是不是真的很不行。

後來老師跟我說，他看的不是能力，而是看我對數學沒有特別的興趣，就沒有邀請我了，他不知道我會想加入，更不知道對我的影響這麼大。

人生，或許就是要一點點這樣的賭氣，才能讓自己更義無反顧地往前衝吧！

把挫敗化成人生的養分

不知道大家有沒有看過一部電影，是以Google為背景，片中主角為兩位中年失業大叔，片名是《實習大叔》。當初的他們也是因為被裁員，但又想證明中年的自己還是有點價值，所以異想天開地跑去應徵Google實習生，後來因為他們的特別思考模式以及樂觀的個性被選上，成功進入Google，與一群世俗定義的菁英們競爭，在這過程中，雖然兩個大叔沒有任何寫程式的能力，但因為清楚知道自己的不足，所以更加認真學習，也因為過往累積的業務能力，讓他們順利在業務比賽中勝出。

人生沒有失敗，只有尚未成功的結果。每個停頓點，都是一個思考的契機點。不管是年輕還是中年，甚至老年，年紀只是個客觀參考的數字，但是當你打從心底認定自己老了、失敗了，那才是最致命一擊，因為你選擇了放棄，不再成長。

我們都不喜歡失敗的感覺，但當累積了一點被拒絕的經驗，你會發現被拒絕其實沒有想像中可怕，過往曾經努力的過程，都會是未來挑戰的養分。

人的智慧，會在拒絕與困苦中才會產生，但不表示一定得受盡各種苦難，才能成為最有智慧的人，重點是透過每一次的挫敗，學習些什麼、獲得些什麼，被拒絕後又再重生，那才是真正讓一個人產生智慧的時候。

我們可以試著想想，當自己認真思考未來方向，是不是常常在我們被拒絕或是不順利的時候，雖然當下真的很痛苦，會怨天尤人，但到了後來的我們，反而會感謝當初的自己，把那段挫敗，化成人生的養分。

有時候祝人「一帆風順」或許是一種詛咒，當一個人總是很順遂，很有可能沒有辦法好好停下來，感受生命，也沒有機會學習，將很多人生過程，萃取成智慧。

關於人生，我學到了……

過往曾經努力的過程，都會是未來挑戰的養分。

#曾經 #挑戰 #養分

5 跟心中最黑暗、最害怕的怪獸共處

曾經參加過一個心理學派的工作坊，雖然是以「助人者」的身分學習，但在過程中，卻深深有著被治癒的感覺。

把你內心的「怪獸」畫出來

過程中，有一階段稱為「生命自由書寫」與「問題外化」。先用一整張A4紙，寫下自己近期的煩惱，再把這個煩惱獨立出來，當成一個「怪獸（個體物）」的存在，甚至再把這個「怪獸」畫出來，並為它取名字。

我心中的怪獸，我稱它為「阿霞」，它代表沒自信的那一塊，當它出現時，會吃掉我的自信，讓我陷入黑暗，感受到自己的沒自信，認為自己是個很失敗的人。

我本以為我的焦慮，是來自於看到身邊朋友的成就，進而擔心自己是不是已經離開大家所認定的「厲害人的圈子」，變得不再厲害了、不再進步了。

在書寫的開始，我以為結果應該不會脫離自己預想太多，但後來卻發現，原來有更深的原因，是我本身所沒有意會到的。

當寫下自己的焦慮時，真實面對自己的負面情緒，寫到一半，出乎我意料之外地，我寫下：「我其實很喜歡現在的生活，喜歡我現在的工作、所有創作，老實說，我一點都不想回到那個圈子，即使那是世俗認為成功人士的圈子。」

其實我不想回去那個光鮮亮麗的圈子，那麼，我到底是為了什麼而不開心？而沒自信？

在這一張紙上，我給自己初步的結論是：因為我是個矛盾的個體，可能是一種自虐的習慣？因為喜歡比較？想要贏全部？

後來更深層對話與觀察，發現這其實是一種「沒自信」的表現，所以我把心中的焦慮怪獸，修正名字為「會吃掉自信的怪獸阿霞」。

不需消滅怪獸，你可以與它和平共處

這時候，老師要求：「現在妳就是心中的怪獸『阿霞』，妳要以它的身分開始自我介紹、回答以下的問題，並寫在新的A4紙上。」

這部分我倒從來沒有想過，若我是那個怪獸，我到底在想什麼？這個實像化、擬人化也太難了吧！

總之，就先下筆再說，跟著感覺書寫，潛意識的自己，說不定就能告訴，阿霞都在幹嘛。

一開始，我以為面對阿霞最好的方式，就是增加自己的成就與自信，這樣它再怎麼吃，我都可以有源源不絕的自信！但寫著寫著，我發現，其實阿霞會出現，不是單純因為想吃掉自信，而是因為有一個黑黑髒髒的環境，讓它有機會爬出它的窩、吃掉自信，所以最根本的原因，不是增加自信，而是該避免出現那樣的環境。

像汙泥的環境最容易有負面情緒出現，但它是可以被控制、避免出現，例如：斷捨離一些很喜歡炫耀生活的人們、很喜歡誇飾成就的人們、講話很負面，他們的存在就像是哈利波特裡面的催狂魔，吸走靈魂、吸走精力，開始出現一系列的負面想法，那些孤獨與悲劇的故事，在心裡縈繞不去。

我開始回想，和阿霞的第一次見面，應該是在很小的時候。出生剛滿六個月的我，臉上曾經出現了一顆高爾夫球大小的靜脈腫瘤，問了好多醫生、跑了好多間醫院，甚至到了好多寺廟求神拜佛都找不到解答，甚至當初已經預計要在一間大醫院做手術，只是醫生也很直接地告訴爸媽，成功機率為百分之五十，失敗的話，我的臉可能就會出現嘴眼不協調的歪臉狀態。

我是家族裡第一個出生的孫子，媽媽是長媳，應該承受了不少壓力，而我臉上的狀況在一些長輩們的心裡，就是個不夠健康的小孩，媽媽在這樣的壓力與自我責備的狀態下，照顧我長大。雖然這些回憶都是長大後，媽媽才拿著相片告訴我，但我想，從嬰兒開始，我們或許沒有明確的記憶可以記住那些事情、那些面孔，但是多少可以感受到情緒，於是，在這樣的氛圍和環境下長大的我，也開始出現了阿霞的存在吧。

我在想，阿霞的出現也許不是真的要吃掉自信，而是阿霞不相信自己值得擁有幸福。小時候長得醜醜的，害家人感到愧疚，甚至還因此有了「醜小妹」的封號。

後來靜脈腫瘤很神奇地自己消下去，不用手術也不用擔心那些風險，算是一種奇蹟吧，所以阿霞的存在，或許只是要避免我把所有的成就、開心、幸福，都視為理所當然，隨時提醒自己「幸福得來不易，要學會珍惜」。

你只是暫時迷路、找不到出口而已

那些看似負面的情緒，必有它存在的原因、出現的環境，同時也可能是我們身體自然而然衍生的提醒，就像是，害怕是為了避免受到傷害，生氣有時候也是一種自我保護的方式，而難過，是讓我們有機會找尋外在的資源、與他人的連結，認同自己的所有情緒，在你受到挫折時，才會知道如何面對困難。

至於阿霞，我不需要消滅它，更好的方式是學會彼此共處，不用一直找尋成就、創造成功的標籤，來增加自己的自信。避免讓阿霞出來覓食的方法，就是學會，不讓自己陷入負面情緒的環境、更專注在自身，以及讓自己開心的事情上。

我們心中，或許都有一個怪物，我們對它的肆無忌憚和霸道感到懼怕，這樣的擔心，常常是因為我們不了解它，沒有試著以內心的角度思考，我們第一直覺都是「怪物要來害自己的」，但是，若我們相信，心中每個聲音、每個存在，都是為了我們這個「主體」好，或許就能釋懷，找到與它共處的模式。

如果還是找不到，也不要慌，你只是迷路了，會找到出口的！當你有勇氣面對最深處的自己、心中最可怕的黑影，就沒有什麼好怕了！

關於人生，我學到了……

隨時提醒自己「幸福得來不易，要學會珍惜」。

#提醒 #幸福 #得來不易

6 我的人生到底干你什麼事

「成績那麼好，應該要繼續讀書啊！」

「長那麼高，怎麼沒去當模特兒？」

「唱歌那麼好聽，該去試試歌唱比賽啊！很有機會的！」

有時候我們在找人生方向時，不應該將思維環繞在「我適合什麼」「我應該做什麼」，而是「我想要做什麼」「我選擇做什麼」。

多少人因為很會讀書，而不斷被這社會的氛圍鼓吹著繼續往上念，念到後來都懷疑自己的職涯、生涯是不是真的適合這條路。

還有一種常見的狀況，即爸媽很喜歡以自己的經驗，嚴肅地建議和期望你選擇什麼科系、該做什麼樣的工作、應該走著怎樣的路。

要聽取周遭的人給予的人生意見嗎？

公開演講時很多聽眾會問我：「爸媽的建議到底要不要聽？我其實有自己想要做的事情，但又很害怕自己的選擇是錯的，到時候萬一過得很慘，會不會讓爸媽覺得我是一個叛逆的小孩？」

我都會建議聽眾，這個問題還是需要看爸媽的人生背景如何、他們的資訊來源為何，畢竟爸媽講的話，不全然是對的，也不全然是錯的，爸媽也好，其他人也罷，重點是這些建議，哪些可以聽，哪些真的不要聽。

若提供建議的人，本身就是出自於業界，合理推斷他可以獲得許多關於圈內的即時訊息，同時也有較多的機會獲得比別人更豐富的業界資源，在這樣的前提下，就可以認真看待他們的建議，但同時也要先確認，對方是否真心希望你好，若是爸媽，那可信度可以提高，但這邊有個前提假設：爸媽是站在我們的角度，真心想為我們好。會加上這個但書，是因為有些父母不是以你的角度在看事情，而是以他們自己的角度，也就是說，他們真心認為「我的孩子就是我的孩子」，意思是，你可能是他的一顆棋子、是他的所有物，你人生的一舉一動，都是為了襯托他的事業做得多好。

同時，若這建議是來自比較不熟悉的前輩，需要審視他們建議的動機是什麼，他是不是過往都如此無私？還是有利所圖？創業前，我總認為這個世界很善良，但後來發現，有些前輩希望透過你去達成些什麼，使他能間接獲得利益，這樣沒有問題，只能反過來問自己，在這樣的利用下，你是不是也能獲得什麼？真的能達到你想要的嗎？畢竟這社會需要互助，而互助說到底，就是一個利益交換。

最後一點，這位提供建議的人，喜歡他現在的生活嗎？

說白一點，若這個人沒有很喜歡自己的生活或工作，代表他對人生不夠滿意，那又憑什麼相信他的建議能為你帶來好的啟發？他對自己的人生把握度都這麼低了，也不願意改變人生、愛上自己的人生，那麼他給你的建議，會不會也只是創造了另一個「自己無法打從心底認同的人生」？

當你不為自己發聲，又有誰會在意呢？

美國影集《火速救援最前線》裡面有一個橋段，主角之一的巴克，因為受傷後，一直無法回到消防隊工作，他一直很不服氣隊長的決定，因為隊上明明也有人曾受過嚴重的傷，卻能在一個月後回歸，但為什麼自己遲遲無法回到原本的工作崗位，甚至擔心自己即將被新人替代，這時候他透過控訴隊長的方式，表示自己不能接受現下的狀況，而隊上其他人也很不諒解，認為這是一種背叛的表現。

雖然巴克是以一個魯莽的角度表達自己的不滿，但有時候，人生也是該有一點這樣的衝動，才能獲得自己想要的人生。他透過控訴隊長，順利回歸職場，即便這場勝利讓他有機會可以獲得大筆的賠償金，但他依然選擇放棄，因為巴克並沒有忘記自己的初衷：回到原有的工作崗位。

對他的同事而言，認為巴克的舉動過於強出頭，何必要把事情弄得這麼僵，但是，當自己的權益受到影響，我是真心欣賞願意為自己站出來發聲的人們，因為，當你不為自己發聲，又有誰會在意呢？

記得在大學時，因為要在社團裡競選社長的關係，讓我的心很疲憊，但總不敢跟家人說，因為從小媽媽總跟我說：「女生學歷不用太高、不用太強出頭，太強勢只會讓很多人感到害怕與不喜歡。」

在南部，這是很常見的觀念，還有一種觀念也是相當普遍：女大當嫁。嫁個好人家就是人生最圓滿的事情了，但是，我總是不能接受這樣的思維，比起承接這種傳統想法，自己的人生更重要，對吧？

找到自己最舒適的姿態，向前邁步吧！

我常在想，在我的墓誌銘上，期待別人記得我的到底是什麼？我希望能夠用自己的力量與方式，讓這個社會有點不同，這才是我最想做的事情。每個人都可以成為一個好的影劇評論家，但不是每個人都能成為一個好的表演者，看別人的事情總是比較容易評斷與決定，那是因為對方沒有真正走過你走的路，沒有經歷過你所歷經的事情。

很多時候，我們會說「替別人著想」，事實上，只是用自己的想法套在別人身上，而不是嘗試融入到對方的邏輯與生活模式上，到頭來終究無法感同身受。

隔行如隔山，不同的人生，更如同隔著太平洋一般，沒有誰真的能完全體驗另一個人百分之百相同的人生。

有一些人會自以為很懂，對你的人生指指點點，這時你一定要記得，人生是你的，他們的建議，完全不需要負任何一點責任，說說罷了。爸媽、身邊的朋友、求學期間的老師們，甚至是我們所處的主流社會中，每個人都可以高談闊論自己的想法、他們認為好的方向，但是，這都只是他們的想法，不一定適合你。

看衰總是最容易，因為當你做了一個決定，是當初他所不敢做的，或是當初他所放棄的，他不會想看好你的，因為你未來會發生的各種可能，都會是給當初選擇放棄的他，一個很響亮的巴掌，不時提醒著他的人生充滿了多少的懊悔與無奈。

但，若你聽完了這些建議，也做了決定，未來的狀況，沒人說得準，如果最後結果不如自己所預期，後悔當初做的決定，請不要怨恨任何人，因為到最後，那都是自己的選擇，是你選擇做那樣的決定。

每個人對人生都有各自的期待，很多時候，內心真正在意的不是別人怎麼看，而是，在人生這路上，你的感受是什麼？你累積了些什麼？再過幾個年頭，會不會發現自己有什麼新發展？

找到自己最舒適的姿態，優雅地向前走吧！

一旦年紀到了，歷經過一些事情後會發現，很多人羨慕的不是那些標籤、職稱，而是面對人生的優雅與自信，那個光芒，是很難用外在創造出來的。

找到自己的人生理想模樣，

Live it up！

關於人生，我學到了……

找到自己最舒適的姿態，優雅地向前走吧！

#舒適 #姿態 #向前走

附錄

— 涵寶寶的 —

書單推薦

面對人生、肯定自己，絕對不能只是喊著「愛自己」就可以，而是需要透過不同的面相，體驗到生活並試著認真生活、發現自己的生活模式，才有機會認識自己，感受到原來這世界沒有自己想像的醜陋，自己，更沒有自以為的這麼差。

希望以下書單可以從不同面向讓大家感受生活，從歷史面、生物面，甚至是心理面、人性思考面、邏輯思考等，一點一滴地打破自己的迷思，突破自己給予自身的框架。

探索人的本質

1

行為：暴力、競爭、利他，人類行為背後的生物學

——羅伯・薩波斯基　著

用生物的角度，解釋人的行為，有時候當你可以了自己的身體，認知到有些「自然反應」並突破一些迷思，會更幫助自己，接納自己。

2

人類大歷史：從野獸到扮演上帝

——哈拉瑞　著

當你看透了歷史與發展，人生很多事情都自然找到解答。

3

動盪：國家如何化解危局、成功轉型？

——賈德・戴蒙　著

從個人危機的處理方式，探討七個國家面對危機時的處理方式與現狀發展，並延伸思考，未來的世界，會變成什麼樣子。

你不奇怪，你只是不夠認識自己

1 **高敏感是種天賦：肯定自己的獨特，感受更多、想像更多、創造更多**

——伊麗絲·桑德 著

共感特別強，容易讓自己受傷，不是因為你很奇怪，而是很可能你是高敏感人

2 **內向心理學：享受一個人的空間，安靜地發揮影響力，內向者也能在外向的世界嶄露鋒芒！**

——瑪蒂·蘭妮 著

內向人從來不比外向人差，只要你懂得應用。

3 **被批評的勇氣：為什麼我們那麼在意別人的評價，卻又總是喜愛議論他人？**

——泰莉·艾普特 著

以心理學的角度，解釋為何我們會責備、會讚美，了解背後的原因

與動機後，當我們面對被責備、被議論時，更清楚可以從怎樣的方式看待它，而有了被批評的勇氣。

4 **活出自我肯定力：提升自信的關鍵六感，找回不怕受挫、受傷的心理實力**

——中島輝 著

自我肯定是會跟著情緒起伏，這是正常的，了解他，用些技巧，克制負面想法，提高自己的肯定力。

5 **讓你不自覺做錯，事後卻又受傷懊悔的「暗黑心智」：操控情緒與行為的童年意念，讓你無意間傷害了自己與他人，你該如何脫身、做出改變？**

——佩特拉·柏克 著

不是學好情緒控管，就沒了負面情緒，而是學會，透過跟自己的對話，減少起伏的幅度。

6 **不善社交的內向人，怎麼打造好人脈？：矽谷人不聚會、少出門，也能與人高效連結的「關鍵人脈術」**

——竹下隆一郎 著

這本書透過明確的步驟與方式，讓你用原本的內向人優勢，打造自己的關鍵人脈網！

關於人生、人性思考術

1 **躍遷：「羅輯思維」最受歡迎的知識大神教你在迷茫時代翻轉人生的5大生存法則！**

——古典 著

對思考事情有幫助，也對人生的整體思考很有幫助，突破各種人生迷思。

2 **數據、謊言與真相：Google資料分析師用大數據揭露人們的真面目**

用數據打破你的人生迷思。

——賽斯·史蒂芬斯—大衛德維茲　著

3

人生複本

——布萊克·克勞奇　著

是一本科幻小說，卻表現出很多人的迷惘。人生有一點不完美，所以才精采，每段人生都是來自一連串的trade-off（取捨），沒有絕對的對錯，但你的態度可以決定好壞。

4

打造理想人生的習慣大全：65個習慣開關，讓你輕鬆戒掉壞習慣、無痛養成好習慣

——古川武士　著

從心態塑造，到實際的習慣養成方式建議。

5

拒看新聞的生活藝術

——魯爾夫·杜伯里　著

若一直以來都想戒社群但動力不足，可以看看這本書，裡面有很多具說服力的例子與理論，讓你更有動力與目標，戒掉社群！讓自己變成更好的人！

6 大器可以晚成：當世界沉迷年少得志，耐心是你成功的本事

——里奇・卡爾加德 著

透過案例以及一些敘述方式，可以破除一些社會迷思與焦慮，尤其是在這個追求「年輕英雄」「天才」的社會。

7 恆毅力：人生成功的究極能力

——安琪拉・達克沃斯 著

破除社會對ＩＱ、對天賦的執著與迷思，成功者，不是因為特別聰明、ＩＱ特別高，而是因為追求長期目標的熱情與毅力以及為了達成特定目標的強大動機。

8 烏龜的七個秘密：歐陸最暢銷自我凝聚練習，讓平靜安穩由內而生

——龍悠、朗諾德．史威普　著

書中不只有小故事，更有許多小練習，讓我們在生活中獲得心中的寧靜！

擁有批判性思維

1 **知識的假象：為什麼我們從未獨立思考？**

——史蒂芬．斯洛曼、菲力浦．芬恩巴赫　著

讓你發現「大腦」原來都是這樣欺騙你的。

2 **烏合之眾：為什麼「我們」會變得瘋狂、盲目、衝動？讓你看透群眾心理的第一書**

——古斯塔夫．勒龐　著

社群與媒體，讓我們更加活在同溫層中，在網路上形成一個又一個

的群體，但若你只是因為在特定群體而開心，那你要小心，因為你將開始變笨、變得沒有判斷性。

3 **一次看懂小數據：MIT經濟學家帶你搞懂生活中的統計數字，聰明做決定**

——約翰．強森、麥可．葛拉克 著

假新聞風行，更該學會思考與判斷每個新聞或是訊息中提供的圖表數字，而這本書中，提供一些生活的範例，讓你懂得運用數字，更可以看懂數字。

4 **框架效應：打破自己的認知侷限，看見問題本質，告別慣性偏誤的心理學智慧**

——崔仁哲 著

從原理看透操作人心智的手法，整理與解釋很多常見的框架、迷思，認識後才有機會打破它，讓自己思考不再受限，創造更多想法與創意。

5 **憑什麼相信你？：掌握8大影響力特質，增強自身可信度，洞悉他人話語背後的真相**

——史帝芬．馬汀、約瑟夫．馬克斯 著

增加影響力的同時，教你了解人們互動時所產生的不理性反應。

培養邏輯思考

1 **圖解邏輯思考的入門書：全方面掌握職場溝通力、說服力、談判力、決斷力及解決力！**

——西村克己 著

帶你了解何謂「邏輯」的初階版之書。

2 **發現問題的思考術（10週年紀念版）：正確的設定、分析問題，才能真正解決問題**

——齋藤嘉則 著

邏輯是為了解答問題，那到底可以怎麼解決？怎麼找到好的問題？

這本書為你解答這些疑惑。

3

深思快想：瞬間看透事物「本質」的豐田思考術

學會在腦袋中架構想法。

——稻垣公夫 著

4

金字塔原理：思考、寫作、解決問題的邏輯方法

架構自己的思考，有邏輯地呈現自己的想法。

——芭芭拉·明托 著

5

假說思考：培養邊做邊學的能力，讓你迅速解決問題

不只要邏輯思考，更要的是有效率地思考！

——內田和成 著

6

邏輯思考的本質：突破學歷之牆、戰勝BCG與博報堂的超強發想力

了解各種思考與架構後，工具反而太多而感到困惑，這本書將幫你釐清頭緒。

——津田久資 著

7 **論點思考：找到問題的源頭，才能解決正確的問題**

找到重要的問題，接下來思考才有意義，也能學會找到好問題。

——內田和成 著

學會自我成長和自我學習

1 **刻意練習：原創者全面解析，比天賦更關鍵的學習法**

——安德斯・艾瑞克森、羅伯特・普爾 著

幫助你不要自怨自艾，破除你對天賦的迷思，因為可以透過練習，成為一個成功的人。

2

原子習慣：細微改變帶來巨大成就的實證法則

——詹姆斯·克利爾 著

明確的習慣養成步驟，搭配了很多很生活化的例子，閱讀時會隨著書中的範例與練習，更增強自己「可以達到」的信念！每個步驟都是生活中可以執行的，所以只要願意設定好目標，並跟著做，一段時間後一定會有效果。

3

斜槓青年【實踐版】：成為內控者，建立幸福人生的正向迴圈

——Susan Kuang 著

書中提到了很多現代人的共同焦慮與迷惘，例如面對穩定工資與彈性工時、個人品牌的定義與執行方式、如何訂立目標、訂定每天的工作與生活待做清單。

想找到自己

1 **黑馬思維：哈佛最推崇的人生計畫，教你成就更好的自己**

——奧吉．歐格斯、陶德．羅斯　著

若你在自我實現、個人職涯上，覺得走得很慌、不知所措，總覺得不是自己最理想的狀態，黑馬思維中的「微動力」概念，可以帶領你一步一步認識自己。

2 **做自己的生命設計師：史丹佛最夯的生涯規畫課，用「設計思考」重擬問題，打造全新生命藍圖**——比爾．柏內特、戴夫．埃文斯　著

這本書重新整理自己的內心想法，了解你的人生觀、工作觀，觀察自己心流的瞬間，再透過心智圖，描繪出所有可能，進一步打造你的人生原型。

3

人生的長尾效應：25、35、45的生涯落點

——布萊恩・費思桐 著

求職時，只看短期的確很難做決定，但是若拉長為職涯的策略思考，會更有方向。當你的職涯有了方向，其實你的履歷或是面試表現，也會有清楚表達方式的輪廓。

換工作？你需要的是轉職思考

1

讓每一次的離職都加分：從離職的念頭中，盤點內在渴望，設計自我實現的藍圖

——朴建鎬 著

透過表格以及各種問題，讓你從生活方式，找到自己的優勢，有機會設計出最適合你的職涯方向！

2

轉職思考法：唯有「隨時能換工作」的人，才能獲得自由

——北野唯我 著

透過故事的方式，帶領你跟著主角走過一次轉職經驗，主角經歷的事情，很多都出現在現實工作場合中，所以大部分的人一定不陌生，而在這樣的範例下，搭配建議與思考提醒，讓讀者可以同時思考自己的職涯規畫。

面對忙碌職場生活的好工具

1

下班後1小時的極速學習攻略：職場進修達人不辭職，靠「偷時間」高效學語言、修課程，10年考取10張證照

——李洞宰 著

書中有著明確步驟，讓你在下班後，仍能學習與進步，活出想要的生活。

2
高績效心智：全新聰明工作學，讓你成為最厲害的1%
——莫頓．韓森　著
職場上的修煉守則。

3
KGB間諜式記憶術：高效記憶、即刻應用，打造超級大腦的7段式情境訓練
——丹尼斯．普欽、卡米爾．古列夫　著
用看小說的方式，不知不覺中，學會了記憶術，同時又像是一本工具書、練習本，每個章節都有測試你的學習狀況，讓你隨時練習與感受記憶術的力量！

4
我也不想一直當好人：把痛苦、走偏的關係，勇敢退貨，只留下對的人！
——朴民根　著
這本書算是「面對雷同事或慣老闆的交戰手冊」，裡面有很實際的練習，教你如何面對這些人、保護自己，不要讓情緒因此受到負面影響。

5 **子彈思考整理術：釐清超載思緒，化想法為行動，專注最重要的事，設計你想要的人生**

——瑞德．卡洛 著

時間管理系列的好書，若你總是很容易焦慮，用了很多日記或是日曆APP記錄事情，但總是覺得事情做不完，這本書很好閱讀，不只是教你如何創造自己的記事本、手帳本，更讓你踏實地往自己的目標前進。

6 **間歇高效率的番茄工作法：25分鐘，打造成功的最小單位，幫你杜絕分心、提升拚勁**

——法蘭西斯科．西里洛

透過每天的時間管理與紀錄，讓你更能把握時間，更可以訓練自己的專注度！

Eurasian Publishing Group
圓神出版事業機構
圓神出版社 Eurasian Press
www.booklife.com.tw reader@mail.eurasian.com.tw
圓神文叢 298

喜歡不了自己，那就從不討厭開始

作　　者／涵寶寶
發 行 人／簡志忠
出 版 者／圓神出版社有限公司
地　　址／臺北市南京東路四段50號6樓之1
電　　話／（02）2579-6600．2579-8800．2570-3939
傳　　真／（02）2579-0338．2577-3220．2570-3636
總 編 輯／陳秋月
主　　編／賴真真
專案企畫／沈蕙婷
責任編輯／歐玟秀
校　　對／歐玟秀．林振宏
美術編輯／林雅錚
行銷企畫／陳禹伶．林雅雯
印務統籌／劉鳳剛．高榮祥
監　　印／高榮祥
排　　版／杜易蓉
經 銷 商／叩應股份有限公司
郵撥帳號／18707239
法律顧問／圓神出版事業機構法律顧問　蕭雄淋律師
印　　刷／祥峰印刷廠
2021年5月　初版
2021年5月　2刷

定價 320 元　ISBN 978-986-133-762-3

感謝身上的這些傷痕與瘡疤，或許減少了一點光芒四射，但讓更多溫暖萌芽。

——《喜歡不了自己，那就從不討厭開始》

國家圖書館出版品預行編目資料

喜歡不了自己，那就從不討厭開始／涵寶寶 著.
-- 初版. -- 臺北市：圓神出版社有限公司，2021.05
240面；14.8×20.8公分（圓神文叢；298）
ISBN 978-986-133-762-3（平裝）

1. 自我實現　2. 職場成功法

177.2　　110003275